支撑能源革命和绿色发展技术装备创新研究

赵勇强 等 ◎著

中国经济出版社
CHINA ECONOMIC PUBLISHING HOUSE

·北京·

图书在版编目（CIP）数据

支撑能源革命和绿色发展技术装备创新研究／赵勇强等著．--北京：中国经济出版社，2023.11

ISBN 978-7-5136-7530-7

Ⅰ.①支… Ⅱ.①赵… Ⅲ.①能源经济-经济发展-研究 Ⅳ.①F407.2

中国国家版本馆 CIP 数据核字（2023）第 204689 号

策划编辑	姜　静
责任编辑	郑　潇
责任印制	马小宾
封面设计	任燕飞工作室

出版发行	中国经济出版社
印 刷 者	北京富泰印刷有限责任公司
经 销 者	各地新华书店
开　　本	710mm×1000mm　1/16
印　　张	10.5
字　　数	150 千字
版　　次	2023 年 11 月第 1 版
印　　次	2023 年 11 月第 1 次
定　　价	78.00 元

广告经营许可证　京西工商广字第 8179 号

中国经济出版社　网址 www.economyph.com　社址 北京市东城区安定门外大街 58 号　邮编 100011
本版图书如存在印装质量问题，请与本社销售中心联系调换（联系电话：010-57512564）

版权所有　盗版必究（举报电话：010-57512600）
国家版权局反盗版举报中心（举报电话：12390）　　服务热线：010-57512564

Preface 前言

党的十八大以来,我国提出了创新、协调、绿色、开放、共享的新发展理念,要求坚定不移走生态优先、绿色低碳发展道路,确立了建设生态文明、推动能源革命的战略任务。党的二十大提出到2035年建成现代化经济体系、进入创新型国家前列、美丽中国目标基本实现,并明确要求加快实施创新驱动发展战略,坚决打赢关键核心技术攻坚战,积极稳妥推进碳达峰碳中和,深入推进能源革命,加快规划建设新型能源体系。

当前,能源科技创新进入空前密集活跃期。新一代信息技术加速突破应用,融合机器人、数字化、新材料的先进制造技术正加速推进,能源与前沿学科的交叉与融合创新,正展示出跨越性、变革性、颠覆性的巨大能量。随着能源技术和数字技术的发展和深度融合,人工智能、大数据、物联网等为能源行业重大挑战提供全新的数字化解决方案。随着以智慧优化和调控为特征的能源生产消费新模式的涌现,智能电网、分布式智慧供能系统等发展迅速,交通运输向智能化、电气化方向转变,建筑向洁净化、绿色化、智能化方向发展,能源互联网发展应用正在引发用能模式和业态变革,未来智慧能源新业态将蓬勃发展。

推动能源科技创新,把握能源技术发展趋势,完善能源科技创新体系,提高能源技术创新能力和装备制造水平,已成为促进我国能源生产和消费模式转变的重要动力。尤其在能源绿色革命背景下,技术装备创新是推动能源革命和绿色发展的重要源动力和支撑，新能源电力、氢能和数字化智能化已成为当前能源科技创新的主要方向和热点领域，热力、天然气和煤炭清洁利用领域的技术装备创新也成为推进能源系统变革的重要支撑。我国要面向能源革命和绿色发展的根本要求，准确把握上述关键领域能源科技创新趋势，提出与之相应的能源科技创新重点任务、重大举措和政策。近年来，我国许多机构和企业持续深入开展各领域能源科技装备创新研究，形成了许多重要成果，为我国深入推进能源革命提供了强大助力。

本书基于中国经济改革促进与能力加强项目支持的研究课题成果形成。该课题坚持目标导向、需求导向、问题导向的研究思路，分析推进能源革命的"清洁、低碳、安全、高效"的各阶段总体目标愿景，深入分析"多元、互补、灵活、高效、互动、共享"等未来能源系统的重要特征，进而在新能源电力系统、氢能、天然气、数字化（智能化）等关键领域分析当前国内技术装备的发展现状与问题，评估与未来发展目标愿景、国际领先水平的差距，提出推动能源技术装备创新的重大任务，并从环境影响和市场风险两个角度考虑重点技术装备发展的要求和不确定性，最后统筹提出推动能源技术装备创新的重大举措和政策建议。

赵勇强负责总体设计和组织实施。第一篇"全球能源转型和技术装备创新趋势"由白泉、王恬子、赵勇强撰写。第二篇"中国能源绿色低碳发展形势与展望"由赵勇强、谷立静撰写。第三篇"能源革命和绿色发展对技术装备创新的需求"由赵勇强、钟财富、刘坚撰写。第四篇"能源技术装备创新关键领域及重点任务"由赵东元、田磊、王海鸿、高峰、万燕鸣、张君、钟财富、赵勇强撰写。第五篇"环境影响和风险评估"由刘坚、赵勇强撰写。第六篇"重大举措和建议"由赵勇强、刘坚撰写。

本书的研究得到中国经济改革促进与能力加强项目的支持、国家能源主管部门和国家发展改革委能源研究所的指导、相关科研机构、企业和同事的大力支持，在此对他们的帮助深表感谢。由于能源科技装备创新日新月异和作者的能力所限，本书难以避免存在纰漏错误，请各位读者批评指正。

作者

Contents 目录

第一篇 全球能源转型和技术装备创新趋势

一、全球应对气候变化的中长期目标　　003

二、应对气候变化目标下的全球能源发展趋势　　006

三、典型国家和经济体能源技术创新战略　　008

四、能源技术装备创新的关键领域　　010

第二篇 中国能源绿色低碳发展形势与展望

一、现代化建设新征程要求更高品质的现代能源服务　　015

二、生态文明建设和绿色发展　　017

三、能源发展现状　　020

四、碳达峰碳中和目标下的能源革命方向　　022

第三篇 能源革命和绿色发展对技术与装备创新的需求

一、技术装备创新对能源革命的战略意义　　029

二、能源技术装备现状及面临的问题和挑战　　032

三、未来能源系统技术特征　　　　　　　　　　050

四、能源技术装备创新总体思路　　　　　　　　055

五、能源技术装备创新目标　　　　　　　　　　059

第四篇　能源技术装备创新关键领域及重点任务

一、新能源电力系统及技术装备　　　　　　　　065

二、氢能产业及技术装备　　　　　　　　　　　077

三、天然气高效输运利用及技术装备　　　　　　090

四、热力生产输送和利用技术装备　　　　　　　101

五、能源系统数字化技术装备　　　　　　　　　115

六、煤炭清洁高效利用技术装备　　　　　　　　120

第五篇　环境影响和风险评估

一、生态环境影响评估　　　　　　　　　　　　131

二、技术与市场风险　　　　　　　　　　　　　140

第六篇　重大举措和政策建议

一、能源科技创新政策体系　　　　　　　　　　151

二、能源科技创新工程示范　　　　　　　　　　153

三、国际先进技术及产能合作　　　　　　　　　157

第一篇

全球能源转型和技术装备创新趋势

一、全球应对气候变化的中长期目标

近年来,全球气候变化挑战形势日趋严峻,气候变化对地球环境的不利影响越来越明显。2020年3月,世界气象组织的《2019年全球气候状况声明》指出,截至2019年底,全球平均气温比工业化前高出1.1℃,仅次于2016年创下的纪录。全球海平面高度达到有记录以来的最高值,全球气温升高导致海洋酸化、海水含氧量减少,南极、北极海冰和格陵兰岛的冰盖持续缩小。全球气候变化还将带来干旱、山火、大雨、洪水、台风、瘟疫等灾害。

2014年,联合国政府间气候变化专门委员会(Intergovernmental Panel on Climate Change,IPCC)第五次评估报告指出,人类活动"极有可能"(95%以上可能性)导致了20世纪50年代以来的大部分(50%以上)全球地表平均气温升高。2023年,IPCC第六次评估报告首次用确定的口气指出,人类活动主要通过排放温室气体,已毋庸置疑引起了全球变暖:大气、海洋、冰冻圈及生物圈产生了广泛而迅速的变化;人类活动造成的气候变化已经影响全球各个区域,并导致对人类和自然系统广泛的不利影响以及损失与损害。

根据IPCC第五次评估报告,2010年,全球六种温室气体中,二氧化碳排放的贡献约为76%,其中化石能源燃烧和工业生产过程占全部温室气体排放的65%，农业林业和土地利用占全部温室气体排放的11%。除二氧化碳排放的贡献外，甲烷排放占全部温室气体排放的16%，氧化亚氮占6%，含氟气体占2%。所谓"碳中和"，是指全部温室气体排放与碳汇相互抵消，也有人将"碳中和"称为"净零排放"。

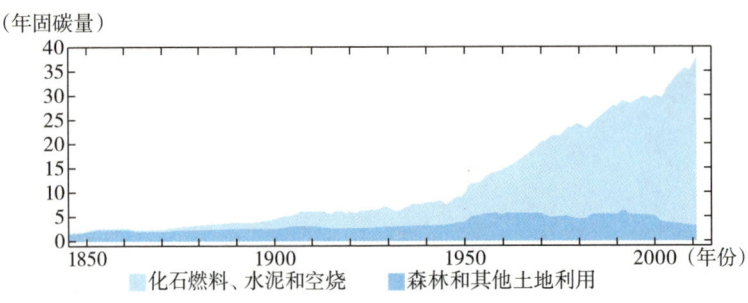

图1-1　全球人为温室气体排放

资料来源：IPCC，第五次评估报告，2014年。

2015年，联合国气候大会通过的《巴黎协定》中提出的气候变化长期目标是将全球温升控制在2℃以内，并努力控制在1.5℃以内。IPCC第五次评估报告指出，如果将2100年全球温度升高控制在2℃范围内，则全球温室气体排放浓度需要控制在450ppm左右，2050年全球温室气体排放比2010年下降41%~72%，则实现2℃目标是"可能"的。在该情景下，全球二氧化碳需要在2070年前后达到"净零排放"。IPCC《1.5℃特别报告》指出，如果将全球温度升高控制在1.5℃以内，需要在2050年前后实现全球二氧化碳"净零排放"。

各方呼吁进一步重视气候变化，大力应对气候变化。2020年，联合国秘书长古特雷斯指出，我们已偏离了实现《巴黎协定》所要求的1.5℃或2℃目标的轨道，为实现到2030年温室气体减排50%、到2050年"净零排放"这一联合国的减排目标，期待所有国家能够在年内提出新的行动计划。习近平主席2020年9月22日在第75届联合国大会一般性辩论上的讲话指出，应对气候变化《巴黎协定》代表了全球绿色低碳转型的大方向，是保护地球家园需要采取的最低限度行动，各国必须迈出决定性步伐。中国将提高国家自主贡献力度，采取更加有力的政策和措施，二氧化碳排放力争于 2030 年前达到峰值，努力争取 2060 年前实现碳中和。

二、应对气候变化目标下的全球能源发展趋势

为了落实 2015 年联合国气候大会通过的《巴黎协定》确立的把全球气温上升控制在 2℃ 以内并努力限制在 1.5℃ 的目标，世界各国都在探讨加快深度能源转型。国际能源署（International Energy Agency，IEA）和国际可再生能源署（International Renewable Energy Agency，IRENA）等机构探讨了实现《巴黎协定》目标对能源系统加快变革的要求，均认为《巴黎协定》下的 2050 年全球能源供需结构将深度变化甚至逆转，非化石能源特别是可再生能源将成为支柱能源。随着风电和光伏等新能源发电成本进一步降低，2020 年后其经济性将普遍高于化石能源，进而推动工业、交通、建筑等各部门用能方式的根本性变革。各国将根据自身可再生能源资源禀赋特点，各有侧重地推动风电、光伏、水电、生物质能以及核能等低碳能源发展。从全方位深度减排和高比例可再生能源系统需求来看，氢能也将弥补电能在重型移动用能和长周期储能方面的短板，并与电、热、气等形成多元协同的二次能源体系，届时有望成为具有系统重要性的二次能源。IRENA 2021 年发布的《世界能源转型展望：1.5 摄氏度路径》指出，可再生能源、绿色氢能和现代生物能源将主导未来的能源体系。碳捕获和去除技术与生物能源相结合，将助力完成二氧化碳减排之路的"最后一公里"，建立净零能

源系统。在1.5℃情景下，2050年全球实现净零排放，相比规划情景减少二氧化碳排放365亿吨。分部门角度看，到2050年可再生能源装机容量将占全球发电总装机的92%（其中风电、光伏等波动性可再生能源装机占比达到74%）。可再生能源发电量将占全球发电总量的90%（其中波动性可再生能源发电量占比63%），剩余10%电量将来自天然气发电（6%）及核电（4%）。相比规划情景，全球工业部门在1.5℃情景下增加减排量119亿吨，其中提升能效、推广CCS和CCUS、终端用能电气化分别占比25%、20%、15%。此外，工业部门可再生能源直接利用、BECCS、绿氢的减碳贡献约占40%。

交通运输业的电气化速度最快，将近70%的交通碳减排量将来自直接和间接电气化。相比规划情景，全球交通运输部门在1.5℃情景下新增减碳量达到每年84亿吨。到2020年，建筑部门减碳量为23亿吨，能效提升和电气化仍然是建筑部门减碳的主要手段。

三、典型国家和经济体能源技术创新战略

欧盟重视快速低成本推进低碳能源技术发展应用。欧盟战略能源技术计划（SET-Plan）最早于2008年颁布，是推动欧洲能源系统向气候中性能源系统过渡的关键一步，提出通过快速和成本竞争的方式发展低碳技术。通过协调各国的研究努力来改进新技术和降低成本。这个计划确定了10项研究和创新行动，包括：在能源系统中整合可再生技术、降低技术成本、为消费者提供新技术和服务、能源系统的弹性和安全性、建筑新材料和新技术、工业能源效益、在全球电池领域和电子移动领域的竞争力、可再生燃料和生物能源、碳捕获和储存、核安全。欧盟于2011年12月推出欧盟2050能源战略路线图，积极推进各种低碳技术研发及优化组合，到2050年，在1990年碳排放的基础上降低温室气体排放80%~95%。2020年7月，欧盟委员会发布《能源系统集成战略》，指出能源系统应作为一个整体进行规划和运行，将不同能源载体、基础设施和消费部门联系起来；这将基于三大支柱，即以能效为核心的"循环"能源系统、扩大终端用能部门的电气化、在难以电气化的部门推广使用清洁燃料。

美国历届政府多次重申"能源独立"，一方面支持推动页岩油、页岩气等非常规油气技术开发应用，另一方面大力支持可再生能源、新型

核电、电网现代化等技术，并探索推动超级计算机和量子信息技术与能源等领域结合。美国能源部（Department of Energy，DOE）及下属国家实验室和技术中心持续推动相关前沿技术研究，注重早期、基础性研究，通过运营国家实验室，进行领先科技研发项目。DOE 重视利用民用领域资源，经常联合企业、大学、科研院所共同参与研究项目，全力促进 DOE 国家实验室、科研机构和企业之间的紧密合作。

日本重视在安全的前提下，通过提高经济效率实现低成本能源供给，最大限度地追求环境适宜性。2018 年，"第五次基本能源计划"提出了"成熟的 3E + S"原则：在安全性方面，要贯彻通过技术创新和治理结构变革来保障新的能源安全观；提高技术自给率，确保选择的多样性；在降低供给成本的同时要考虑强化日本产业竞争力，提高经济性；在环保方面，实现从"低碳化"迈向"脱碳化"的新目标。该计划提出：将可再生能源作为电力系统的主要能源，优化蓄电池及氢能系统以实现负荷跟踪脱碳能力，发展数字化技术，使供需调整更精确。核电要恢复公众信任、理解和支持，加强安全措施降低事故风险，尽可能减少对核能的依赖。火电将重点转向使用清洁天然气，淘汰低效燃煤热力发电。在碳捕获和氢转化方面发挥主导作用，与资源丰富的国家和新兴经济体一起实现脱碳。在热力系统和运输系统，推进电气化、氢化、电动化、分布式数字化等最佳组合。加强多种脱碳能源系统的成本分析验证，综合评估电力/非电力、热力和交通运输等多种能源系统的技术成熟度。

四、能源技术装备创新的关键领域

IEA 发布的《能源技术展望 2020》报告中指出，要实现能源转型和气候目标，全球需要大力开发和部署清洁能源技术。未来需要的清洁能源技术取决于当下的创新。

自 2000 年以来，清洁低碳能源技术加速变革，特别是风电、光伏等可再生能源发电推动能源系统进一步绿色转型，全球生物燃料供应自 2000 年以来稳步增长，从废原料中提炼加氢处理植物油技术受到越来越多的关注，氢能也在近几年中重新受到关注，发展低碳氢、电解槽制氢等技术尤为重要。建筑部门一直在加强能效政策，交通运输部门通过更高效的动力系统、更轻的材料和其他技术改进使车辆燃油经济性有了较大提高。特别是电动汽车经历了十年的快速发展，锂离子电池是当今实现道路车辆电气化的关键技术，将加速发展。未来实现能源部门"净零排放"需要多元化的燃料和技术方案，必须进行根本性的技术变革。

电力技术变革引领能源系统转型。可再生能源技术的快速进步带动成本持续下降，推动当前全球的能源系统正在以前所未有的速度转型。得益于电池和风机效率提升、新技术不断应用以及生产规模的持续扩大，光伏和陆上风电的投资成本持续下降，陆上风电和太阳能光伏发电将逐渐成为中国、欧洲和北美洲最低价的新增电力来源。由于风能和太阳能具有间歇性和波动性特征，随着可再生能源比例的提高，需要多种灵活性技术对其提供支撑。当前，虽然主要以传统的火电为新能源发电提供主力调峰，但电化学储能等新型储能技术由于其持续的技术进步带来快速的成本下降，将为可再生能源发展提供越来越显著的支撑。化学储能预计将作为日内调节的主力，为光伏和陆上风电的高比例应用提供有力的支撑。此外，利用需求侧响应技术来调节需求，从而可以更好地适应间歇性可再生能源发电和电力峰值需求。电力消费和生产的互动更为密切，在电力需求侧进行管理和响应将有望成为未来电力消费的重要模式。

电动化促进交通行业转型。电动技术的快速发展，将在未来的几十年内促使交通业转型。随着以动力电池技术为核心的新能源汽车的持续进步，以及成本的快速下降，纯电动或混合动力汽车将与使用内燃机的车辆在成本上具有竞争性。电池成本下降的同时，续航里程、充电时间、安全性等各项指标也得到提高。在乘用车领域预计电动车的渗透率将逐渐增高，并有望在中远期成为市场的主流。在卡车领域，使用动力方式可能更为多元化，包括在城市等短距离场景下实现电动化，而在长距离、重载场景下可能通过使用燃料电池汽车或者 LNG 汽车实现成本和环境效益的最优。此外，随着电动车的普及，汽车的充电/放电行为也将对电网的运行产生巨大的影响。

多种技术促进工业建筑深度脱碳。除可再生能源和能效作为核心支柱外，未来能源变革技术还包括：终端部门广泛电气化；碳捕集、利用和封存（CCUS）；氢能及相关燃料；生物能技术。单一的燃料和技术都不能使整个能源部门实现"净零排放"，替代燃料将在交通、建筑和工业脱碳中发挥重要作用，生物质转化为液体燃料这一技术将推动全球生物燃料供应快速增长，低碳制氢技术也将发挥重要作用。

数字化和智能化改变能源生产和消费模式。未来能源生产与消费的方式将变得更加智能化、灵敏化和低碳化，其技术将变得规模化、分散化和数字化。随着数字工具（包括传感器、超级计算、数据分析、自动化、人工智能等设备）依托"云"网络而得到应用，人工智能将提升能源行业的预测能力，优化其生产力和管理能力，给未来能源行业带来前所未有的机遇。能源行业未来的发展主要在于优化和预测，人工智能通过自我学习和演算，能针对能源生产、供应提供独特的解决方案。人工智能使用当前计算机大规模且迅速的数据处理功能优化能源的生产过程，通过复杂的算法结合技术数据和自然环境数据，优化能源开采。同时，人工智能在能源领域还进行需求管理，通过对大量消费数据进行学习，了解消费者的习惯、价值观、动机和个性，预测消费行为，更有效地制定策略，最典型的是在电力领域进行需求侧响应和管理。此外，随着可再生能源比例的提高，人工智能通过建立预测模型，收集大量有关天气、环境、大气条件以及新能源电站和电网运行情况的数据，解决能源流的预测和管理问题，确保供需始终处于均衡状态。

第二篇

中国能源绿色低碳发展形势与展望

一、现代化建设新征程要求更高品质的现代能源服务

（一）经济从高速增长转向高质量发展

我国经济已从高速增长转向高质量发展。经过改革开放以来四十多年的经济快速发展，2020年我国人均GDP达到10504美元，正处于由中高收入向高收入阶段迈进的关键时期。考虑到2035年基本实现现代化的目标，预计"十四五"期间，GDP增速将保持在6%左右；2025—2030年，GDP增速下调至5.6%；2031—2035年，中国GDP增速下调至4.8%。预计2035年人均GDP超过2万美元，将增加对高品质能源服务的需求。

（二）工业化的信息化、服务化特征日益突出

我国正逐步从工业化中期转向后期。从工业化发展进程看，我国工业化处于从中期向后期过渡阶段，从"十四五"时期开始，我国将进入工业化后期，服务业比重会逐步提高，高加工度产业比重会趋于上升，要素投入从主要依靠数量扩张向主要依靠质量提升转变，要素结构、产业结构和需求结构都会加速调整。在向工业化后期转变的阶段，生产要素组合方式将发生重大变化，从劳动密集型向资本、技术密集型

产业升级，从资源能源高消耗性产业向节能减排产业发展。同时，信息网络技术广泛应用，新一代信息基础设施建设大力推进，现代信息技术产业体系逐步形成，信息化改造推动传统产业向高加工度、高技术含量、高附加值方向发展，产业的信息化、服务化特征日益明显。传统工业及能耗将达峰下降，波动较大的商业和居民负荷比重将快速提升，数据中心等新型产业负荷将显著增加，智慧能源服务市场需求大幅增加。

（三）城镇化进入城市群和都市圈时代

我国人口正逐步进入峰值期。改革开放以来，我国人口持续增长，从 1980 年的不到 10 亿人增加到 2020 年的 14.12 亿人。不过，人口自然增长率已不断下降，2022 年首次出现负人口增长率。我国城镇化已进入均衡推进期。伴随工业化进程，我国已经进入城镇化中期阶段。按照城镇常住人口统计，2020 年，我国城镇化率已经达到 63.9%。我国将继续实施区域协调发展战略和新型城镇化发展规划。未来一段时期，随着新型城镇化战略的实施，我国城镇化将进入均衡推进期，城镇化质量将不断提升。中心城市对周边地区的聚集效应将逐渐转向扩散效应；大中小城市、小城镇协调发展格局将逐步形成。未来进入城市群、都市圈为主的城镇化形态，将更具生产效率和节能，给全国能源与电力供需平衡、东中部分布式能源利用、西部能源基地电力外送、各地多能互补系统建设、区域综合能源发展等方面带来新的技术、经济和生态环境方面的机遇和挑战。

二、生态文明建设和绿色发展

（一）生态文明建设纳入五位一体总体布局

随着我国经济社会发展进入新时代，我国社会主要矛盾从过去"人民日益增长的物质文化需要同落后的社会生产之间的矛盾"转变为"人民日益增长的美好生活需要和不平衡不充分的发展之间的矛盾"，能源发展也从过去以解决"有没有"问题为主向未来以解决"好不好"问题为主转变。

党的十八大以来，"创新、协调、绿色、开放、共享"成为指导我国经济社会发展的新发展理念，生态文明建设成为经济建设、政治建设、社会建设、文化建设、生态文明建设"五位一体"总体布局的组成部分，生态文明建设和绿色发展在未来能源发展中的重要性越来越突出。党的十九大报告明确要求推进绿色发展，加快建立绿色生产和消费的法律制度和政策导向，建立健全绿色低碳循环发展的经济体系，构建市场导向的绿色技术创新体系，推进能源生产和消费革命，构建清洁低碳、安全高效的能源体系。

（二）碳达峰碳中和纳入生态建设整体布局

2020年9月，习近平主席在第75届联合国大会一般性辩论上作出重大宣示，要采取更加有力的政策和措施，二氧化碳排放力争于2030年前达到峰值，努力争取2060年前实现碳中和。2020年12月，习近平主席在气候雄心峰会上又提出，到2030年，中国单位国内生产总值二氧化碳排放将比2005年下降65%以上，非化石能源占一次能源消费比重将达到25%左右，森林蓄积量将比2005年增加60亿立方米，风电、太阳能发电总装机容量将达到12亿千瓦以上。

2021年3月，中央财经委员会第九次会议强调，实现碳达峰、碳中和是一场广泛而深刻的经济社会系统性变革，要把碳达峰碳中和纳入生态文明建设整体布局，拿出抓铁有痕的劲头，如期实现2030年前碳达峰、2060年前碳中和的目标。要坚定不移贯彻新发展理念，坚持系统观念，处理好发展和减排、整体和局部、短期和中长期的关系，以经济社会发展全面绿色转型为引领，以能源绿色低碳发展为关键，加快形成节约资源和保护环境的产业结构、生产方式、生活方式、空间格局，坚定不移走生态优先、绿色低碳的高质量发展道路。要构建清洁低碳安全高效的能源体系，控制化石能源总量，着力提高利用效能，实施可再生能源替代行动，深化电力体制改革，构建以新能源为主体的新型电力系统。要推动绿色低碳技术实现重大突破，抓紧部署低碳前沿技术研究，加快推广应用减污降碳技术。

党的二十大报告提出要积极稳妥推进碳达峰碳中和，加快规划建设新型能源体系。要统筹产业结构调整、污染治理、生态保护、应对气候变化，协同推进降碳、减污、扩绿、增长；积极稳妥推进碳达峰碳中和，立足我国能源资源禀赋，坚持先立后破，有计划分步骤实施碳达峰行动。完善能源消耗总量和强度调控，重点控制化石能源消费，逐步转向碳排放总量和强度"双控"制度。推动能源清洁低碳高效利用，推进工业、建筑、交通等领域清洁低碳转型。深入推进能源革命，加强煤炭清洁高效利用，加大油气资源勘探开发和增储上产力度，加快规划建设新型能源体系，统筹水电开发和生态保护，积极安全有序发展核电，加强能源产供储销体系建设，确保能源安全。

三、能源发展现状

（一）能源供应能力快速提升

我国已发展成为世界能源生产第一大国，构建了多元清洁的能源供应体系，形成横跨东西、纵贯南北、覆盖全国、连通海外的能源基础设施网络，有力保障经济社会发展用能需求。2022 年，一次能源生产总量达到 46.6 亿吨标准煤，其中：原煤产量 45.6 亿吨，原油产量 20472.2 万吨，天然气产量 2201.1 亿立方米，发电总装机 25.6 亿千瓦，新增发电装机总规模连续 9 年超过亿千瓦，能源自给率长期稳定在 80% 以上，能源供给安全总体向好。截至 2022 年底，我国 35 千伏及以上输电线路长度达到 226 万千米，建成投运特高压输电通道 33 条，西电东送规模接近 3 亿千瓦。油气"全国一张网"初步形成，管网规模超过 18 万千米，西北、东北、西南和海上四大油气进口战略通道进一步巩固。

（二）能源消费结构稳步改善

2022 年，全国能源消费总量 54.1 亿吨标准煤，煤炭消费量占能源消费总量的比重由 2012 年的 68.5% 降至 2022 年的 56.2%，下降 12.3 个百分点。而天然气、水电、核电、风电、太阳能发电等清洁能源消费比重不断提升，由 2012 年的 14.5% 增至 2022 年的 25.9%，增长 11.4 个百分点，能源消费增量有 2/3 来自清洁能源。2012 年以来，我国以年均 3.0% 的能耗增速支撑了年均 6.6% 的国内生产总值增速，单位国内生产总值能耗累计降低 26.4%，年均下降 3.3%，有力缓解了能源供需矛盾，经济社会发展质量和效益持续提升。散煤综合治理和煤炭减量替代取得实效，完成京津冀地区散煤治理 2700 万户左右，减少散煤消费量 6000 多万吨，平原地区冬季取暖散煤基本清零。北方地区清洁取暖提前完成了规划目标，清洁取暖面积达到了 156 亿平方米，清洁取暖率达到 73.6%，累计替代散煤（含低效小锅炉用煤）超过 1.5 亿吨，对降低 $PM_{2.5}$ 的浓度、改善空气质量的贡献率超过 1/3。

（三）能源技术产业日益增强

我国以风电、光伏发电为代表的可再生能源技术产业实现了跨越式发展，形成了较为完备的可再生能源技术产业体系。2022 年底，我国可再生能源发电总装机容量达到 12.13 亿千瓦，比十年前增长了近 3 倍，占世界可再生能源发电装机总量的 30% 以上。水电、风电、光伏发电等可再生能源装机规模连续多年稳居世界第一。我国水电装机容量和技术水平领跑全球，为全世界贡献了 70% 以上的光伏产能，全球风电机组整机制造排名前十的企业中有 6 家来自中国，形成自主知识产权的"华龙一号""国和一号"等大型三代压水堆核电技术，系统掌握具有四代特征的高温气冷堆技术，非化石能源领域全面实现了从"中国制造"到"中国创造"的标志性跨越。在全产业链集成制造水平提升的有力推动下，近十年来我国陆上风电和光伏发电项目单位千瓦平均造价分别下降 30% 和 75% 左右，有力推进我国风电、光伏发电全面实现无补贴平价上网。

四、碳达峰碳中和目标下的能源革命方向

（一）严格控制化石能源消费

以煤炭和石油为重点，严格控制化石能源消费，使煤炭、石油消费分别在"十四五"和"十五五"期间达峰并逐步下降。在京津冀、长三角、珠三角等东中部经济发达地区要通过大力开发本地可再生能源、提高接受外输电比例、限售限行燃油车等措施，率先实现煤炭和石油消费总量负增长。在城乡建筑供暖领域有序扩大煤改气、煤改电和热电联产供热，因地制宜利用地热能、太阳能和生物质能供热，努力关停剩余燃煤小锅炉供暖，使城区建筑在2030年前率先实现全面去煤。电力部门推动煤电（含热电联产）全面转为灵活电源甚至备用电源，使电煤消费在"十四五"时期达峰。工业领域须加快产业转型升级和能效提升，严控发展煤化工，在冶金、石化等行业推进技术工艺路线创新，在2030年后逐步利用绿氢、生物质原料大规模替代煤、油、气等工业原料。

（二）积极推动终端部门深度电气化和绿氢应用

顺应居民生活水平、先进制造业和能源领域逐步脱碳的要求，积极

推进电能替代、深度电气化和氢能利用。近期建筑和工业是最主要的电力消费部门，家用电器、数据中心等电器设备数量增长将带动电力消费增长。在中长期，工业部门逐步推广普及用电用氢工艺流程，如电加热工艺、熔融还原炼钢、直接铁还原（DRI）、有色金属冶炼等，代替化石能源等工业燃料和焦炭等工业原料。交通运输部门要加速推广新能源汽车，在长途重型货运和航空运输部门积极推广应用氢燃料动力技术，2030年，电动汽车的新增市场占有率在70%以上，2060年前，全面实现车辆电动化和零碳交通。到2060年，电能在建筑、工业和交通等部门的比例分别为90%、70%和60%左右，在全国终端能源消费中比例达到70%。

（三）全面多途并举发展高比例可再生能源

可再生能源发电是非化石能源利用量增长的最主要途径。我国应在严控新增煤电装机的基础上，坚持安全发展核电，加快高比例发展可再生能源发电。在做好生态保护和移民安置的前提下，全面开发水电资源。坚持集中与分散并举，加速发展风电和太阳能发电，把风电和光伏发电优先纳入新一代电力系统规划建设、省市县级国土空间规划和"多规合一"工作，切实破除并网消纳和国土空间布局的瓶颈，保障实现风电和光伏发电更大规模装机。到2060年，风电和太阳能发电占全国总量比重将达到81.5%，可再生能源发电量占全国发电量比重接近95%。积极发展生物质发电，2050年后普及生物质能碳捕获和封存利用技术（BECCUS）。

（四）全面释放电力系统灵活资源

全面开展煤电灵活性改造，推动煤电逐步转为灵活电源和备用电源。现有12亿千瓦煤电是近中期规模最大、成本最低的电力系统灵活资源，可通过热电解耦、低压稳燃等技术改造，使煤电机组的最小稳定出力降至 20%~30% 的额定容量、热态启动时间缩短至 1.5 小时左右。大力发展电动汽车车网互动（V2G）。电动汽车是交通运输部门脱碳的必由之路，也是未来用户侧规模最大、成本最低的电力系统灵活资源。预计到 2030 年，新能源汽车占新增销售市场的 70% 左右，逐步成为重要灵活资源。到 2060 年，实现全面电动化（含氢燃料汽车），通过有序充电（换电）、车网互动等技术，可利用 6 亿辆电动汽车提供 60 亿千瓦的日调节能力。

全面推动工商业和居民参与电力需求响应。通过建设竞争性电力市场、推广负荷集成商、建立虚拟电厂、发展能源互联网等途径，实现各类工商业和居民参与需求响应的普遍化、常态化和智能化，使需求响应能力在 2030 年达到 2.2 亿千瓦，在 2060 年达到 10 亿千瓦以上。

（五）全方位推进清洁低碳供热

全面推广建筑保温节能改造、清洁取暖和散煤替代。推进工业余热、余压、余能应用，力争发挥 3 亿~5 亿吨标准煤潜能。积极发展生物质热电联产，推广水源热泵、地源热泵、空气源热泵取暖。因地制宜推广太阳能、生物质能、地热能等可再生能源直接供暖，从民用热水拓展到工业热水、建筑供暖和区域热力供应。到 2035 年，清洁低碳能源供热占比在 50% 以上，到 2050 年，全面实现清洁低碳供热。

（六）加快构建包容开放融合的能源基础设施

以电网为纽带打造能源互联网。加强输电网互联互通，使跨省跨区输电和灵活互济能力在 2030 年和 2035 年分别达到 2.1 亿千瓦和 4.2 亿千瓦。持续加强城乡配电网扩容和数字化升级，大幅提升高渗透率分布式发电和新型负荷接纳能力，在 2060 年前后，安全接入和智能调度 6

亿辆电动汽车、15亿千瓦分散式风电和20亿千瓦分布式光伏发电。加快发展主动配电网、交直流混合配电网、虚拟电厂、综合能源服务等新技术新业态，打造开放共享的能源互联网。

全面推进北方地区热电协同。全面完成热电联产灵活性改造和热电解耦，建设集中与分散储能（热）装置，实现电力系统和热力系统的协同运行，实现更灵活的热力负荷和电力负荷的调节，更好地协调风光发电波动性以及季节性热负荷的系统平衡。

积极发展绿氢生产、输送和使用基础设施。发展绿氢（及富氢产品）是促进低成本高比例新能源电力消纳和跨季跨区储运、实现工业和交通运输部门脱碳的关键途径，预计2025年后，在不同场景逐步形成市场竞争力，2030年实现大规模生产应用，在2050年使绿氢全面满足高比例新能源跨季储能和交通、工业领域脱碳需求。近中期结合试点示范项目，积极发展低成本制氢技术和高压气态输送、管道输氢、液态氢输送等基础设施。随着西部低成本制氢规模增加，逐步直接使用天然气管道长距离大规模输送天然气＋氢气混合燃料。

综合来看，通过高比例可再生能源全面替代化石能源、充分释放电力系统灵活性、完善能源基础设施建设、推动终端部分深度电气化和绿氢应用以及全方位实行清洁低碳供热等举措，我国将全面构建起面向碳中和的现代能源体系。其中，依托发、输、配、用各环节的优化升级，我国将建立起更加稳定、安全、高效的现代电力系统，高比例可再生能源发电可以实现充分消纳，输配电网能够得到高效利用，城乡用户实现高供电可靠性的均一化服务。

第三篇

能源革命和绿色发展对技术与装备创新的需求

一、技术装备创新对能源革命的战略意义

（一）技术产业升级对能源技术装备创新的保障作用

当前科技产业创新进入空前密集活跃期。以大数据、云计算、人工智能、量子信息为代表的新一代信息技术加速突破应用，融合机器人、数字化、新材料的先进制造技术正加速推进。能源与前沿学科的交叉与融合创新，正展示出跨越性、变革性、颠覆性的巨大能量，甚至引发全球能源变革。从新一代信息技术产业、高端装备制造产业到新材料产业，以重大技术突破和重大发展需求为基础的战略性新兴产业为我国能源技术装备创新奠定了重要基础。

随着新能源技术和数字技术的发展和深度融合，人工智能、大数据、物联网等为能源行业面临的重大挑战提供全新的数字化解决方案。国际能源署预计到2025年，全球能源领域数字化市场规模将增长到640亿美元，新的能源创新将集中在数字技术和数据的战略使用上。大数据和机器学习算法的普及推动科研工作开始采用以人工智能和数据挖掘为基础的新兴研究手段来提升研究效率。随着以智慧优化和调控为特征的能源生产消费新模式的涌现，智能电网、分布式智慧供能系统等发展迅速，交通运输向智能化、电气化方向转变，建筑向洁净化、绿色化、智

能化方向发展，能源互联网发展应用正在引发用能模式和业态变革，未来智慧能源新业态将蓬勃发展。未来的几十年内，数字技术将使全球能源系统变得更加紧密互联、智能、高效、可靠和可持续。因此需要坚定不移地推进能源和数字技术深度融合，以引导能量有序流动，构筑更高效、更清洁、更经济、更安全的现代能源体系。

（二）能源技术装备创新对能源系统变革的推动作用

我国 2035 年社会主义现代化远景目标明确提出关键核心技术要实现重大突破，进入创新型国家前列。党的十九届五中全会明确提出要坚持创新在我国现代化建设全局中的核心地位，推进产业基础高级化，提升产业链供应链现代化水平，发展战略性新兴产业。

能源行业科技创新总趋势是更有效、更大规模使用清洁能源。能源领域正在成为颠覆性技术创新最活跃的领域之一，太阳能发电、高效储能、燃料电池、氢能技术等具有颠覆性的新技术苗头不断涌现，世界大国纷纷将颠覆性技术作为占领科技制高点的先手棋，集中攻关并已取得重要进展。近年来，我国能源科技创新能力和技术装备自主化水平显著提升，建设了一批具有国际先进水平的重大能源技术示范工程。光伏发电方面，钙钛矿电池技术在机理研究、材料研发、制备工艺等方面取得全面进展，解决器件大面积制备、长期稳定性等技术"瓶颈"，为钙钛矿电池的大规模生产奠定了技术基础。储能技术在反应机理探索、电化学体系设计、新材料开发方面成果斐然。此外，智能电网、陆上风电、海上风电、光伏发电、光热发电、纤维素乙醇等关键技术均取得重要突破。一系列具备国际先进水平的重大能源示范工程成果标志着我国能源科技水平得到了跨越式发展。

在低碳经济理念下，推动能源生产和利用方式变革，构建安全、低碳、清洁、高效的现代能源产业。能源技术革命能有效提升低碳能源发展水平，推动能源供应体系的绿色低碳转型发展，即传统的高碳化石能源供应体系向低碳清洁能源供应体系转变。能源技术革命推动低碳能源发展，即推动高能效、低能耗、低污染、低碳排放的能源的发展，包括可再生能源、核能和清洁煤。发展低碳经济的重要途径之一就是改变现有的能源结构，加速从"碳基能源"向"低碳能源"和"氢基能源"转变，加快能源结构调整和优化升级，以有利于低碳经济的快速发展。

二、能源技术装备现状及面临的问题和挑战

(一)各领域技术装备现状

1. 可再生能源

通过持续不断的政策支持和创新驱动,我国可再生能源领域科技创新能力及产业技术水平得到跨越式提升。水电工程技术和筑坝水平均名列世界前茅;光伏发电产业规模连续多年世界第一,成为我国少数在国际上有话语权的行业之一,光伏发电产业在国际市场拥有绝对竞争优势;风电领域建立了较为完整的设备制造产业链,风电开发规模稳居世界首位;太阳能热发电初步形成具有自主知识产权的产业链;生物质能实现了多元化技术发展和应用;地热能实现了工程规模化应用。

> **专栏 3-1 大型水电工程及关键技术现状**
>
> 近年来我国水电新增装机快速增长,2006 年以来,我国新增水电装机超过 2 亿千瓦,其中大中型水电站超过 1.5 亿千瓦,建成了世界最高混凝土双曲拱坝锦屏一级水电站、深埋式长隧洞锦屏二级水电站、装机规模世界第三的溪洛渡水电站、复杂地质条件下的大

岗山水电站。金沙江下游四座电站装机规模均排名世界前十，均实现开工建设甚至并网发电，其中，向家坝（640万千瓦）和溪洛渡（1386万千瓦）两座电站已建成并分别于2014年7月和2014年6月全部投产发电，乌东德（1020万千瓦）和白鹤滩（1600万千瓦）水电站则分别于2015年12月和2017年8月通过国家核准开始大坝主体工程建设。

与我国大型水电工程建设同步，一方面我国工程建设技术显著提高。一批高水平水坝工程相继建成投产，坝工技术取得多项重大突破。200米级、300米级高坝等技术指标刷新行业纪录，攻克了世界领先的复杂地质条件下300米级特高拱坝技术，规模之大名列世界前茅，已建的锦屏一级双曲拱坝、在建的双江口心墙堆石坝位列同类坝之冠，三峡、龙滩等混凝土重力坝，锦屏一级、小湾等混凝土双曲拱坝，糯扎渡、瀑布沟等当地材料坝等均具备世界一流水平；水工建筑物抗震防震、复杂基础处理、高边坡治理等多个领域的技术水平国际领先；地下工程技术日趋成熟，设计理论和方法不断发展，解决了超高心墙堆石坝采用掺砾石土料和软岩堆石料筑坝、35米跨度地下厂房洞室群、深埋长引水隧洞群、砂石料长距离皮带输送系统等技术难题。另一方面，常规水电机组制造能力不断提高，并保持世界领先。自主制造了单机容量80万千瓦混流式水轮发电机组，在建的白鹤滩水电站拥有世界单机容量最大（100万千瓦）的混流式水轮发电机组；制造并安装了500米级水头、单机容量35万千瓦抽水蓄能机组成套设备，在建的阳江抽水蓄能电站预计将拥有自主化设计制造的40万千瓦级、700米级超高水头超大容量抽水蓄能机组，并形成了具有自主知识产权的核心技术。

专栏 3-2　太阳能光伏发电技术

光伏产业已成为我国为数不多的可同步参与国际竞争并在产业化方面取得领先优势的产业之一。新增装机规模从 2013 年起、累计装机规模从 2015 年起、产业规模从 2007 年起已连续多年位居世界第一。产业化技术处于全球先进水平，前沿技术加速布局，主要装备制造基本实现国产化，制造企业实力稳步增强，在多晶硅、硅片、电池片、组件制造环节均有 7 家以上企业位居全球前十，已在全球近 20 个国家或地区建厂。

一是制造技术实力不断增强。经过十余年的发展，目前，我国光伏电池产业化量产技术水平已处于世界领先地位，天合、晶科、隆基等企业多次刷新产业化电池、组件转换效率世界纪录，仅 2019 年，国内企业电池片转换效率打破世界纪录的次数就有 9 次之多；自主研发前沿光伏电池创造了多个实验室转换效率世界纪录，被美国国家可再生能源实验室收录进其世界最高效率图谱中。2020 年规模化生产的使用 PERC 电池技术的单晶硅电池效率达到 22.8%，同比提高 0.5 个百分点。第三批光伏领跑基地入选项目中，光伏电池转换效率最高达到 23.85%。新型高效电池技术（PERC、异质结、IBC、N 型 PERT 等）与高效组件技术（叠瓦、半片、MWT、双面组件等）均得到快速发展，产业化水平不断提高，部分技术已具备一定规模化生产能力及较强的国际竞争力。

二是系统技术不断完善。大量新技术被应用于光伏电站整体设计以及系统升级优化之中。光伏支架跟踪系统、1500 伏高电压的采用有效提高了光伏组件的实际发电能力；智能机器人、无人机、大数据技术、远程监控软件、先进通信系统也已在电站运行中使用；同时设备生产的自动化、数字化、网络化程度不断提升。

三是产业规模世界领先。从 2013 年开始，国内光伏制造市场大规模启动，光伏制造业重新回暖，并步入快速发展车道，已形成完备的光伏产品生产制造全产业链，硅料、硅片、电池片、组件等四个主要生产环节产量均连续多年位居全球第一。2020 年，我国多晶硅料、硅片、电池片、组件的产量分别达到 39.6 万吨、161 吉瓦、135 吉瓦和 125 吉瓦，产量占全球总产量比例分别达到 76%、96%、83% 和 76%，处于世界领先地位。还形成了一批具有较强国际竞争力的企业，在 2020 年各类光伏产品全球销量统计中，排名前十的企业以中国企业为主。

四是装备制造水平不断提高，基本实现国产化。我国光伏设备产业持续健康发展，技术水平明显提升，产品从低端向高端发展，产品定制化程度逐步提高，高产能与高效自动化能力不断提升，推动光伏制造向光伏智造转变。除个别高效电池生产用 PECVD 设备、硼扩散设备等外，多晶硅硅片、电池片、组件各环节主要设备已基本实现国产化。

专栏 3-3 大型风电工程及关键技术现状

风电已经成为我国第三大电源，装机规模已经连续 9 年居全球首位，驱动全球风电产业发展。风电产业链逐步完善，全球整机企业装机排名前 15 家企业中有 8 家为中国企业。风电装备技术稳步提升，已经具有兆瓦级风电整机自主设计研发能力；风电设备零部件国产化程度得到进一步提升，关键部件 95% 以上已实现本地化生产。

一是产业链形成全球化的竞争格局。统计数据显示，2020年，9家国内风电设备整机制造企业位列全球前15，使风电也成为我国鲜有的能够参与国际竞争的战略性高端绿色装备制造产业。国外设备制造企业在中国的市场份额由2000年之前独占整个中国风电市场，下降到2018年的4.4%。此外，我国风电企业品牌除满足国内市场之外，还实现小规模出口，尤其是新兴市场国家。截至2019年底，风电整机设备出口已经遍布全球34个国家和地区，出口总容量达到519万千瓦。

二是掌握了风电设计核心技术。自主研发的机型能够适应我国高海拔、低风速、台风、风沙等特殊环境和风况条件，有力地支撑了内陆和山地风电场的开发。我国低风速风电技术目前已处于国际领先水平，领先企业可开发风速最低可下探至4.5米/秒，极大提高了风能资源开发潜力。目前随着我国风电市场不断向中东南部转移，风电机组的叶片在不断加长，轮毂高度也越来越高。国内制造的最长叶片已经可以达到90米，风轮直径则在过去十年增长了一倍以上，目前最大风轮直径为171米，国内最高轮毂高度超过了150米，更高的160米机组也即将进入市场。

三是具有兆瓦级风电整机自主研发能力。目前已经形成具有自主知识产权的多兆瓦级大型风电机组的研发能力。我国陆地风电场的主流机型由1.5兆瓦向2~2.5兆瓦风电机组发展，适用于海上的3~4兆瓦级风电机组已批量生产，5兆瓦和6兆瓦的风电机组已经并网运行。在大型化风电机组研发、生产和应用方面，我国正迎头赶上。在5兆瓦以下机组设计制造方面，我国风电企业已基本达到世界水平；在5兆瓦及以上海上风电机组设计制造方面，随着我国海上风电技术的研究、示范和商业推广，与世界先进水平的差距也在进一步缩小。2010年以来,在新增风电装机市场中,2兆瓦及以上的风电机组装机市场份额不断上升,2019年,占全国新增装机容量的99%;截至2020年底,批量安装海上风电机组单机容量为5~6兆瓦,首台7兆瓦机组在福建投入商业运行,8兆瓦和10兆瓦海上风电机组并网发电,机组大型化趋势与国际保持同步。

四是风电设备零部件国产化程度得到进一步提升。风电整机的叶片、齿轮箱、发电机、主轴承、变流器、控制系统等关键部件中,目前除主轴承外,其他均已通过与国外合作消化吸收、自主开发方式基本实现国产化。从成本上看,关键部件约95%已实现本地化生产。

2. 电网

我国在大容量远距离特高压交流、直流输电技术及装备等方面获得重大突破,形成了完整的特高压交直流输电技术体系,成功研制全套特高压交直流输变电设备并投入工程应用,世界首条±1100千伏准东—皖南直流输电工程于2019年投运,特高压直流技术整体达到世界领先水平;在新能源并网技术、柔性输电技术等方面实现世界引领,并通过提升电力系统控制、电网自动化调度、系统安全保障等关键技术保障了电网的安全稳定运行。

专栏3-4 电网技术与装备发展现状

一、大容量远距离直流输电技术和特高压交流输电技术与装备

特高压交流技术方面,攻克了系统过电压深度抑制、重污秽外绝缘配置等技术难题,形成了完整的特高压交流输电技术体系,成功

研制全套特高压交流输变电设备。建成了晋东南—南阳—荆门、淮南—浙北—上海等 8 项特高压交流工程，线路长度 9974 千米、变电容量 12900 万千伏安。推动成立了由我国主导的 CIGRE 5 个和 IEEE 3 个特高压交流输电技术工作组，大幅提升了我国在国际电工领域的影响力和话语权。

特高压直流技术方面，研制出世界上第一批采用 6 英寸晶闸管的 ±800 千伏特高压直流输电换流阀、换流变压器、干式平波电抗器、直流场设备等成套装备并实现产业化；全面攻克 ±1100 千伏直流输电工程系统成套技术，研制出世界首个 ±1100 千伏直流穿墙套管、换流变压器等设备。目前已投运 13 条 ±800 千伏特高压输电工程，总长度 21897 千米、总容量 9860 万千瓦，整体达到世界领先水平；世界首条 ±1100 千伏准东—皖南直流输电工程将于今年投运。我国成功向国际电工委员会（IEC）申报成立高压直流输电技术委员会（TC115），巴西美丽山特高压直流输电一期工程建成投运，实现了中国特高压全产业链、全价值链输出。

二、间歇式电源并网及输配技术

新能源并网技术方面，建成世界上首个集风电、光伏发电、储能系统、智能输电于一体的张北国家风光储输示范工程，实现了风、光、储多组态、多功能、可调节的联合优化运行。世界规模最大的新能源虚拟同步机系统实现并网。研发 5 千米×5 千米数值天气预报系统并应用，建成应用新能源生产模拟系统，实现省级电网年度计算时间小于 30 分钟，建立新能源优化调度控制系统，在省级及以上电网得到应用，实现新能源并网可预测、可调度、可控制。

柔性输电技术方面，实现了国际引领。建成世界首个五端柔性直流输电工程——舟山±200千伏多端柔性直流输电示范工程，是世界上已投运的电压等级最高、端数最多、单端容量最大的多端柔性直流输电工程；研制出世界首个200千伏高压直流断路器，在舟山柔直工程顺利投运。建成世界电压等级最高、容量最大的江苏500千伏统一潮流控制器示范工程，在世界范围内首次实现500千伏电网电能流向的灵活、精准控制。

三、电能质量监测与控制技术

面向电力电子化特征电网电能质量监测与治理的共性需求，构建了集监控系统、治理方法与设备、技术标准于一体的电能质量监测与治理技术体系，在低压负荷在线换相、电能质量决策支持、谐波量值准确传递以及广域动态谐波监测治理等四大关键技术领域实现突破。研发的装置和系统已得到推广，应用于电力、质监系统的34家省级以上计量技术机构，覆盖27个省、747座电气化铁路牵引站、27座换流站以及新能源发电场、配电网，监测点达到10897个，发现140座电气化铁路牵引站存在谐波超标现象，解决敏感用电设备不能正常运行问题30余个，解决2203.7万户低电压问题。

四、大规模互联电网的安全保障技术

仿真技术方面，突破了电磁、机电、中长期多时间尺度全过程混合仿真技术，研制世界上功能最强的特高压交直流电网仿真平台，峰值计算能力超过900万亿次/秒，具备数模仿真、数字仿真、数据管理、模型研发四大功能，解决了对复杂大电网"仿不了、仿不准、仿不快"的技术难题，创造性实现了大规模复杂交直流电网的准确故障重演。

安全防御方面，建立了电力系统强迫振荡理论，攻克了输电断面动态功率分析与控制技术，研制出分类分时联合控制系统，解决了输电断面功率波动和振荡"预测、辨识、定位、控制"4项难题；突破了受端电网全过程电压稳定评估与控制技术，制定了我国首个电压稳定评价标准，研制出电压稳定全过程防控系统，大幅提升电压稳定水平。成果应用于22个输电工程、45套动态无功补偿设备，累计提升输电能力约1600万千瓦。

五、西电东输工程中的重大关键技术

在大范围冰冻灾害防治方面，创建了电网覆冰预报技术，开发了世界首套电网覆冰预报预警系统，为抗冰赢得宝贵时间；突破了输电线路覆冰自动监测技术，提供了清晰的实时现场覆冰信息；发明了系列高效直流融冰装备，融冰成功率达到100%，有效防止了倒塔断线。目前已在我国南方八省易覆冰的1023条线路广泛应用，成功应对了2009年以来33次不同程度电网冰灾，保证了上千亿元电网财产安全。

长距离、高可靠性管廊方面，建成苏通GIL综合管廊长江隧道工程，是目前世界上电压等级最高、输送容量最大、技术水平最先进的超长距离GIL创新工程，也是全球首次将大直径盾构隧道应用于电力管廊的工程，解决了隧道沉降控制、高水压、防渗水、防有害气体、隧道空间狭小等难题，创造了在盾构机制造速度、整体运输、组装调试、贯通拆解等方面的多项第一。

六、电网调度自动化技术

我国开发了智能电网调度控制系统，包括统一的基础平台（D5000平台），以及平台之上的实时监控与预警、调度计划、安全校核、调度管理四大类应用功能。D5000系统全面采用国产的64位

服务器集群、安全操作系统、安全数据库等，创造性开发了四条总线、四类数据库、四种图形界面以及纵深安全防护技术，首次实现了调度控制中心内部的横向集成和多级调度控制中心之间的纵向贯通，首次实现了调度控制系统实时数据、电网模型、图形画面、服务功能等的源端维护和全网共享，实现了特大电网多级调度控制业务一体化协同运作。截至2018年底，国调中心、6家调控分中心及国网公司下辖27家省级调控中心已全面部署基于统一基础平台和四大类应用的D5000系统，同时还有超过200家地市级调控中心开展了支持地县一体化调度功能的地区级D5000系统的建设部署。

七、高效配电和供电管理信息技术和系统

配电自动化方面，研发了自愈控制统一支撑平台和自愈控制系统，示范区内配电网2秒内可实现转供电，供电可靠率达到99.999%，并有效解决分布式能源大量接入配电网带来的控制保护、运行问题。

电动汽车方面，建成"九纵九横双环"智慧车联网平台，累计接入17万个充电桩，服务用户数超过80万个。中国电动汽车充换电标准体系成为世界标准体系。

3. 油气

在天然气勘探开发方面，创新形成了海相碳酸盐岩、前陆冲断带、低渗透—致密等领域天然气聚集理论和勘探开发重大技术，发现了安岳、川西、克深等5个千亿立方米至万亿立方米级大气田，推动了安岳、普光、元坝、克深、徐深等复杂气田开发，实现了天然气产量跨越式发展，产量从2007年的698亿立方米上升至2018年的1585亿立方米，增长一倍多。

在石油勘探方面，创新发展了石油地质理论与先进勘探技术，形成了坳陷湖盆大油区成藏理论、岩性地层油气藏勘探配套技术、海相碳酸盐岩缝洞型油田勘探技术和成熟探区精细勘探关键配套技术，推动了鄂尔多斯湖盆中心岩性地层大油区、准噶尔盆地玛湖凹陷砂砾岩大油田、塔里木盆地哈拉哈塘与顺北等大油田、渤海湾与松辽等高勘探程度盆地油气勘探，支持了我国石油地质储量年均新增探明 10 亿吨以上。

在石油开发方面，形成了国际领先的高含水油田提高采收率、低渗透和稠油开发技术，发展了国际领先的挖潜、二类储层聚驱、三元复合驱等高含水油田提高采收率技术，以及低渗透、中深层稠油、海相碳酸盐岩油气藏等开发重大技术，支撑了"西部、海上、海外、新疆"四大油气生产区建设，确保了我国石油产量长期稳步发展，有力保障了国家能源安全和国民经济持续健康发展。

在重大装备方面，我国石油工业上游工程技术装备研发取得了重大突破，物探、测井、压裂、钻完井装备及软件等常规石油工程装备基本实现自主化，一批高端技术装备打破国外垄断，结束了我国长期依赖进口的历史，重磁电处理解释 GeoGME 3.0 等物探大型软件步入国际一流物探软件行列，并逐步抢占国际市场，促进石油装备产业和工程技术服务产业发展。

在海洋勘探开发方面，形成了以海洋石油 981 为代表的 5 型 6 船的深水作业"联合舰队"，初步实现了我国海洋深水工程技术装备自主化发展，实现了 1500 米水深的荔湾 3－1 气田的成功开发。我国近海油气勘探与开发能力整体达到国际先进水平，海上稠油开发处于国际领先水平，为维护我国海洋权益和实施国家海洋战略作出了重大贡献。

在海外勘探开发方面，建立全球油气资源评价方法和信息系统，实现了国内成熟技术到全球的集成应用和特色技术创新的跨越，重油、高凝油等特殊类型油气藏高效开发技术取得重大进展，为国家石油公司开拓海外项目、提升海外资产评价与决策支持水平、分享海外油气资源提供信息支撑，助力国家"一带一路"倡议实施，保障国家油气安全。

在非常规油气勘探开发方面，页岩气、煤层气、致密油气等领域勘探开发技术取得重大突破，基本形成海相页岩气评价选区、"甜点"地球物理预测与地质评价技术、水平井钻完井和体积压裂四项关键技术，以及适用于中高煤阶煤层气勘探开发配套技术，引领非常规油气开发新兴产业蓬勃发展，非常规天然气已成为我国天然气产量的重要组成部分，非常规天然气产量占比已超过1/3。

4. 煤炭绿色开采和清洁利用

煤炭高效开发方面，特厚煤层大采高综放开采成套技术与装备、"一扩成井"快速钻井法凿井关键技术及装备达到国际领先水平，海下综放安全开采关键技术取得突破，填补了世界范围内海下采煤方法的空白。

燃煤高效发电技术方面，超超临界发电机组技术、600兆瓦超临界循环流化床燃煤锅炉达到国际先进水平，1000兆瓦等级超超临界空冷机组居于国际领先地位；建成投运了250兆瓦级整体煤气化联合循环（IGCC）示范电站；自主知识产权的600兆瓦超临界循环流化床锅炉研发成功并投入商业化运行。燃煤发电整体技术、装备和供电煤耗均达到国际先进水平。

煤炭高效转化技术方面，技术水平提升快，部分技术已经达到世界领先水平。成功研发出大型煤气化技术及装备，开发了煤直接液化、煤间接液化、煤制烯烃、煤制乙二醇等新型煤转化大规模工业技术，居于国际领先水平。投产或建设中的煤制油、煤制天然气、煤制烯烃等新型煤转化工厂总规模约5000万吨当量油/年，创造了多项世界领先，为新产业建设储备了技术和工程化能力。

专栏 3–5　煤炭绿色开采与清洁利用技术发展

特厚煤层大采高综放开采成套技术与装备。综放开采割煤高度首次达到 5 米，一次采煤厚度达到 20 米，大采高综放开采工艺达到国际领先水平；综放工作面装备全部为自主研发的国产装备，综放液压支架工作阻力达到 15000 千牛，装备成套性达到国际领先水平，装备的可靠性达到国际先进水平。应用该成果，首次实现了全国产装备条件下年产 1000 万吨的大采高综放工作面安全、高效、高回收率开采。

大型水体下安全开采关键技术。在国内外首次建立了海下综采放顶煤开采的技术体系，实现了我国海下煤炭的首次安全开采，尤其是海下综放开采的成功应用，填补了世界范围内海下采煤方法的空白。在北皂海域下成功开采了 6 个工作面，采出煤炭 560 多万吨，对开发我国大型水体下压煤，提高资源回收率，保持我国煤炭生产的中长期可持续发展具有重大意义。

超超临界燃煤发电技术。研发成功超超临界锅炉、汽轮机及其辅机等关键技术装备，600℃等级超超临界机组实现了 600 兆瓦、660 兆瓦和 1000 兆瓦等机组容量的系列化，技术达到国际先进水平，使我国大型电站装备实现了从亚临界到超超临界发电技术的跨越式发展。到 2017 年底，我国 1000 兆瓦级超超临界机组达到 101 台，超过全球同类机组保有量的总和，超超临界机组的技术水平、发展速度、装机容量和机组数量均已跃居世界首位，并已向国外出口。

空冷燃煤发电技术。600 兆瓦等级大型空冷机组的空冷技术取得了突破，建成自主知识产权的 600 兆瓦等级空冷机组，打破了国外的技术垄断，并在我国北方各省快速推广。研制成功 1000 兆瓦等级超超临界空冷机组，建成了世界首座 1000 兆瓦等级超超临界空冷机组。空冷技术的研发与工程应用使我国全面掌握了空冷元件制造、空冷岛总成、空冷汽轮机设计制造和空冷机组的系统集成等空冷技术，不仅满足了我国电力工业的发展需要，还出口国外，参与国际市场竞争。

IGCC技术。"十五"和"十一五"期间，分别开发了IGCC发电技术的净化系统、气化系统以及中低热值燃气轮机系统改造等单元技术，以及IGCC系统优化技术。在此基础上，进行了系统集成和示范电站设计，完成了水煤浆气化200兆瓦级IGCC示范电站的工程设计，开发了2500吨/天级干煤粉气化炉和2000吨/天级水煤浆气化炉，建成了我国首座干煤粉气化、E级燃气轮机的250兆瓦级IGCC示范电站，并已投入运行。

大型煤气化技术。成功开发大型气流床水煤浆和干煤粉煤气化技术及工业装备，实现关键材质和设备的国产化。多喷嘴水煤浆气化技术2009年6月2000吨/天级煤气化炉一次投料成功，到目前已经应用数十台。航天干煤粉气化炉、两段式水煤浆清华炉、灰熔聚流化床气化炉等一批气化技术也进入了工业应用，使我国自主知识产权煤气化技术在新建煤转化项目中占有绝对比例，结束了以引进技术为主的状况。到2017年底，我国有20多家煤气化技术专利的近千台气化炉在运行，合成气总量超过3000万立方米/小时。

煤间接液化技术。开发出新型煤间接液化关键技术，在2010年建成3个16万~18万吨/年示范厂的基础上进一步优化，进一步提高了整体集成系统的能量转化效率，降低了能耗和水耗，多项技术指标已超过了国际同类技术水平。已建成宁夏400万吨/年、潞安180万吨/年、榆林100万吨/年等煤间接液化工程示范项目6项，产能735万吨/年。

煤直接液化技术。在实验运行、系统研究、小试、中试的基础上，形成百万吨级工业示范工程设计技术和工程建设管理规范，建成了全球首座百万吨级工业示范工厂。2008年底，建成投煤试运行，目前已实现了长周期安全高负荷运行，表明我国已经掌握了煤直接液化大型工业运行技术，整体上居于国际领先水平。目前，正在建设第二、第三条生产线，建成后年产量可达到392万吨。

煤制烯烃技术。成功开发以甲醇为原料，经催化转化制取基本化工原料乙烯、丙烯等低碳烯烃的技术（DMTO），于"十一五"期间完成万吨级装置开发和试验。2010年8月，采用该技术的世界首套180万吨甲醇制60万吨烯烃工业装置在包头投料一次成功，生产出合格的聚烯烃产品，标志着我国具有自主知识产权的煤制烯烃技术产业化实践取得里程碑式进展，总体达到国际领先水平。目前已投入运行超过10套煤制烯烃装置，总产能约700万吨/年。

煤制乙二醇技术。开发了煤制乙二醇用系列催化剂的规模化制备技术，建成了世界上第一套20万吨煤制乙二醇工业示范装置。该技术利用我国相对丰富的煤炭资源替代目前的石油路线生产乙二醇，经济效益高，对我国的能源和化工产业产生重要、积极的影响。目前煤制乙二醇已建成产能约300万吨/年，仍有多个项目在建。

5. 氢能

总体技术水平。我国氢能产业相关技术与国际技术水平还存在一定差距。我国化石能源制氢和碱性电解水制氢技术、低压气态储氢技术已成熟，燃料电池实现了在商用车上的示范。然而，我国氢能产业链尚不完整，燃料电池技术与国外差距较大，关键材料及核心部件还依赖进口，核心技术成熟度和自主化程度较低，氢能产业发展需要健全产业链、加强核心技术自主开发。

制造成熟度。国内目前化石能源制氢设备、碱性电解水制氢设备和低压气态储氢设备的制造技术都已成熟，拥有定制化生产的能力但产能不足。国内从事生产 SPE 制氢设备、液态储运氢设备、高压储氢设备企业数量较少，可选的产品规格少、产能低。国内燃料电池的产品性能和质量还较低，引进的燃料电池生产线生产成本过高，规模化应用存在"瓶颈"。另外，国内针对燃料电池及其关键部件的检验标准体系尚不完善，缺少权威的产品质量评价机构。燃料电池系统关键设备，如高压比空气压缩机、氢循环装置等缺少国内供货商，量产能力不足。国内燃料电池及系统的技术开发不充分、产品实现能力不足、缺乏批量生产能力。产业链相关装备的制造能力和制造水平亟待提升。

（二）能源领域技术创新面临的问题和挑战

一是部分关键技术存在较大差距，关键设备的国产化率仍需提高。如燃料电池领域整体差距还比较大，核心材料、关键部件等仍依赖进口，燃料电池电堆技术与国际先进水平还有较大差距，对固体氧化物燃料电池技术重视不够；油气开发中的水平井压裂技术、海洋深水工程装备、高端测井装备国产化率偏低，非常规油气低成本勘探开发技术及装备与国际先进水平存在较大差距；特高压输电用的套管、开关等部分核心设备制造技术仍然依靠从国外引进；部分大型核电分析设计软件和满足核级标准的仪控系统尚依赖国外，缺乏关键试验验证手段和充沛的验证数据库；燃气轮机及高温叶片材料技术长期落后。

二是能源科技领域的基础研究和公共服务机构依然缺失。相关研究显示，现有技术和能源体系难以支撑实现碳中和，未来新型电力系统具有高比例新能源、高比例电力电子、高渗透率分布式发电、高强度源网荷储灵活互动等特征，现有理论方法、模型工具、技术装备、标准规程等都无法适应新特征新要求。但是，我国还缺乏深耕低碳能源技术领域、开展新一代能源系统基础研究和公共服务的国家能源实验室。目前现有能源领域的国家重点实验室各自为战且对外开放性不强，依托企业建立或授牌的国家重点实验室的持续运行和公共服务能力比较弱，有的国家级科研项目支持建成的研发平台和生产线甚至建成不久就被拆除，亟须创建能够实现国家科技创新资源优化整合、聚集低碳能源科技的国家实验室。

三是标准规范和检测认证的国际认可度和影响力仍需提升。标准规范和检测认证是技术产业体系的核心要素。但是目前我国能源技术和产品的标准主要跟随国外，检测和试验也依靠国外。部分标准虽然实施时间较早，但技术指标滞后于快速技术变革与能源产业实际发展需求。国内标准虽然质量、影响力不断提高，但与 IEC 等国际标准相比，仍存在认可度低、行业影响力弱等问题。检测认证方面，国内缺乏满足市场需要且在国际上有权威性的检测和试验平台。我国能源领域的检测认证机构相比国外先进机构，仍存在检测能力不强、高素质检测人员缺乏、测试数据国际公信力有待提升的情况，导致国内检测机构出具的关键认证数据难以得到国外权威机构的认可，影响全球市场拓展。

四是科技成果转化率不高，企业创新研发主体作用亟待加强。基础研究和前沿技术领域的大量研究成果还不能及时走出实验室，重大专项研发形成的部分设备成果也难以得到工程应用。多数中小型企业的创新能力较薄弱，如在节能环保、太阳能热水器、燃料电池等领域，企业大多为民营中小型企业，"多而弱""小而散"，研发投入较少，没有成为创新主体。企业之间难以开展实质性的协同创新，互为竞争关系的企业联合攻关往往联而不合，导致协同创新流于形式。

五是激励机制落实不到位，科技创新管理体制机制仍需进一步完善。激励政策停留于文件，没有最终落实，尤其是企业层面对参加重大专项人员的激励机制无法落地；规划落实程序繁杂，多头管理，过程缓慢；部分领域长期由少数专家负责，部分项目安排不合理；专项动态调整与退出机制不健全，难以适应专项研究工作需要；一些关键技术和重大装备在研发安排上落后于行业发展实际，部分技术支持存在急功近利的问题，存在"看苗浇水"和"摘桃子"现象。

（三）总体技术水平判断

我国在能源技术装备领域的技术装备和创新水平的总体判断：

从国内外对比来看，国际领先技术方面，光伏发电技术，特高压交流、直流输电及成套设备技术，大型水电开发和装备技术等，已完成从跟跑者向并跑者，甚至是领跑者角色的转变。国际先进技术方面，核能、风电、大规模储能、陆上油气勘探和开发等的主要核心技术基本掌握并进入国际先进行列。仍有较大差距的技术方面，氢能及燃料电池技术、燃气轮机及高温材料技术、海洋油气勘探开发技术和装备等，虽已取得巨大进步，但仍与国外先进水平有较大的差距。

从自主创新能力来看，我国能源科技自主创新能力得到大幅提升，一些核心技术获得突破，许多技术已处于国际领先或先进行列。能源科技的进步促进了一些新业态、新模式的形成，推动了我国能源生产和消费革命，加快了我国生态文明建设和绿色发展进程。但也要看到，我国能源科技自主创新能力总体和国外还有较大差距，表现为缺乏原创技术积累、能源技术装备的部分关键环节还存在"卡脖子"问题、在通用基础材料基础零部件基础软件上差距较大等。

三、未来能源系统技术特征

碳达峰碳中和目标将加快推动风电、太阳能发电等可再生能源发电的跨越式发展。为适应可再生能源的发展，未来能源系统也势必呈现新的技术、业态与模式。

（一）高比例可再生能源引领未来能源系统

在过去十年间，我国风力发电技术不断进步，效率提高了20%~30%，单位千瓦发电量提升了2%~5%。风电机组的单体容量不断增大，在建的主流海上风电机组的单机容量已经达到6兆瓦。激光雷达等新型传感技术、增强气动技术、智能控制、风功率预测、故障预测、寿命分析等系统技术不断优化升级。光伏方面，PERC电池能量转换效率达到22.5%，异质结电池转换效率达到24%。光伏产业规模更是居世界首位，在全球产量中的占比也大幅增长，多晶硅占比接近60%，硅片、电池片和组件均超过70%。随着产业规模不断扩大，受设备价格下降影响，以光伏发电和风电为代表的可再生能源发电成本持续下降。根据IRENA的统计，2020年，全球地面光伏电站发电招标价格已达到0.048美元/千瓦时（0.33元/千瓦时），相比2018年全球地面光伏电站平准化度电成本（LCOE）降低44%，即年均光伏发电成本降速超过

20%，而2020年全球陆上风电招标电价也已降至0.048美元/千瓦时（0.33元/千瓦时）。

IRENA预测到2030年，光伏地面电站的平准化度电成本（LCOE）将降低至0.02~0.08美元/千瓦时（0.14~0.55元/千瓦时），处于届时全球化石能源发电度电成本区间0.05~0.17美元/千瓦时的下限，2020—2030年成本降幅约50%。陆上风电方面，2030年全球平均度电成本将降至0.03~0.05美元/千瓦时，成本降幅约30%。

可再生能源成本的持续下降将进一步带动其在电力系统中的渗透率。乐观情景下预计到2030年，中国风电、光伏发电容量将分别达到10亿千瓦左右，可再生能源发电装机将占到电源总装机的69%，可再生能源发电量比重也将达到56%。到2050年，风电、光伏发电容量将各自提升至26亿千瓦和28亿千瓦，可再生能源发电装机占比提升至90%，电量占比达到87%。2018—2050年中国可再生能源发电装机量预测见图3-1。

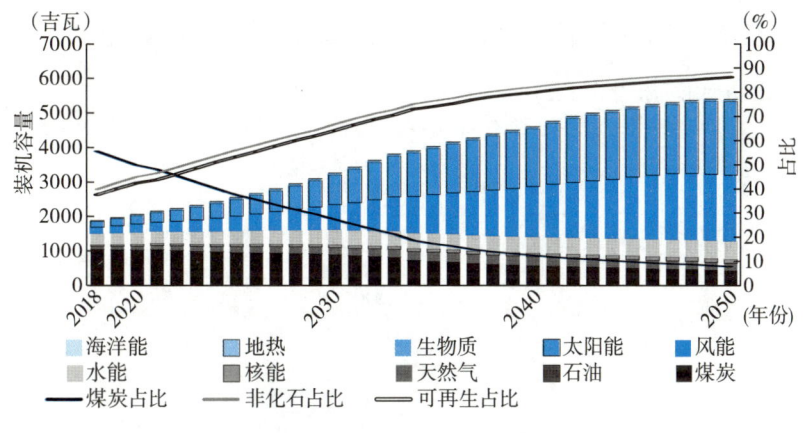

图3-1　2018—2050年中国可再生能源发电装机量预测

（二）能源系统电力电子化成为大势所趋

在高比例可再生能源系统中，电力电子装置在源端的应用将日益广泛，如直驱式风力发电机组变流器、光伏逆变器、非水储能电站和分布式储能逆变器等。超/特高压直流输电、柔性直流输电和直流电网建设快速发展。随着特高压输电（先进传感器与智能化运维）、柔性直流输电（智能紧凑换流阀、±800千伏柔性直流输电）、灵活交流输电（FACT，统一潮流控制器UPFC等）、能源电力路由器（电力电子变压器）等技术不断成熟和推广，未来将有90%的电能需要经过电力变换后使用，含有电力变换中间接口装置的多样性、强非线性负荷数量将急剧增加。

与此同时，智能电网技术可以通过将信息和通信技术纳入发电、输电和消费的各个方面，来帮助有效地整合高可再生能源份额，以增强电网的灵活运营，降低运营成本并提高效率。未来智能电网的发展也将呈现两个趋势：①新兴的超级电网作为长距离运输可再生能源的解决方案；②微型电网解决方案为并网和离网社区提供可靠和清洁的能源。微型电网中基于分布式可再生能源的自发自用将逐渐成为主流，而其中不论是分布式光伏、分散式风电，还是储能、电动汽车及燃料电池等技术都依赖大量直流电压转换电力电子设备。

分布式能源自发自用生态体系见图3-2。

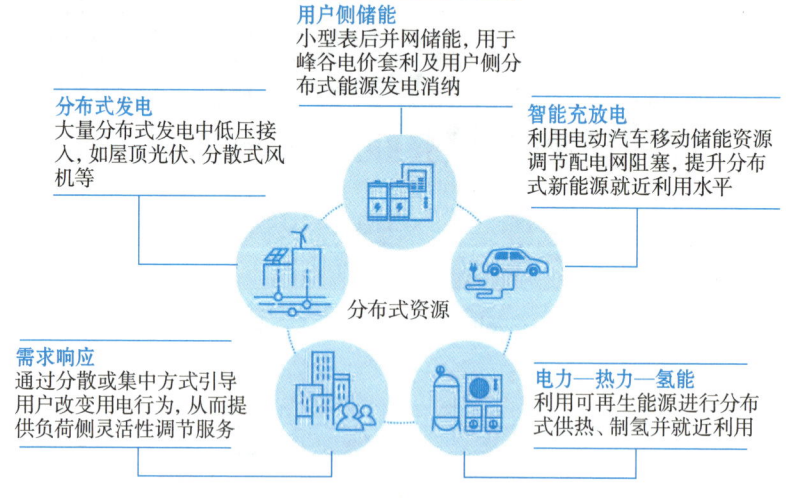

图3-2 分布式能源自发自用生态体系

资料来源：国际可再生能源署（IRENA），有改动。

（三）多网融合将成为未来能源系统升级方向

电力系统要扩展范围，除提供电力以外，由于可再生能源成本的持续下降，大量低成本可再生能源并网将推动电力系统价值外溢。当电力系统可再生能源渗透率在80%以上时，季节性、灵活性调节手段的重要性快速提升。此时通过大容量、长周期储能技术在电力系统中内部消纳可再生能源的成本将明显增加，从而为多种能源网络的互联融合提供了可能。具体融合也可通过不同模式实现。

一是源端基地综合能源电力系统，其中包括水电、风电、光伏发电、灵活煤电等能源基地及储能，通过直流输电网实现多能互补向中东部输电；通过电力供热制冷、产业耗电及多种途径就地消纳；电解制氢、制甲烷就地利用或通过天然气管道东送。

二是终端消费综合能源电力系统，其中包括基于各类清洁能源满足用户多元需求的区域综合能源系统和清洁能源微电网；在主动配电网架构下直接面向各类用户的分布式能源加各类储能、新能源微电网；基于天然气和清洁能源的分布式冷热电联产系统。

（四）未来能源系统数字化与智能化程度不断加深

未来基于高比例电力电子的多网融合能源系统需要发展能源电力数字技术。例如，支持水、气、电集采集抄的智能传感技术装备；基于5G/光纤/现场总线的现代信息网络，建设跨行业能源电力数据平台；通过数据数字技术，整合"人—机—物"各要素，实现资产高效利用，提升智能运营水平，构建零边际成本的高效系统；发展无人机、作业机器人在电力生产中全环节的应用。可再生能源与数字技术融合，推广云计算、大数据、物联网、移动互联、人工智能、区块链技术应用，将提升技术装备全生命周期的智能化和可靠性水平，带动能源生产、传输与消费的持续升级。

在能源互联网中，信息系统和物理系统将渗透到每个设备，信息流通过系统网络将与电力流进行有效结合。以电网为核心构建能源互联网，整合各种可再生能源和传统能源。互联网思维和理念不是单纯的多能互补，而是要体现以用户为中心来构建能源共享平台，使信息流和电力流有效结合，真正实现开放、共享和高效用能。

电力系统数字化现状、发展方向及应用场景见图3-3。

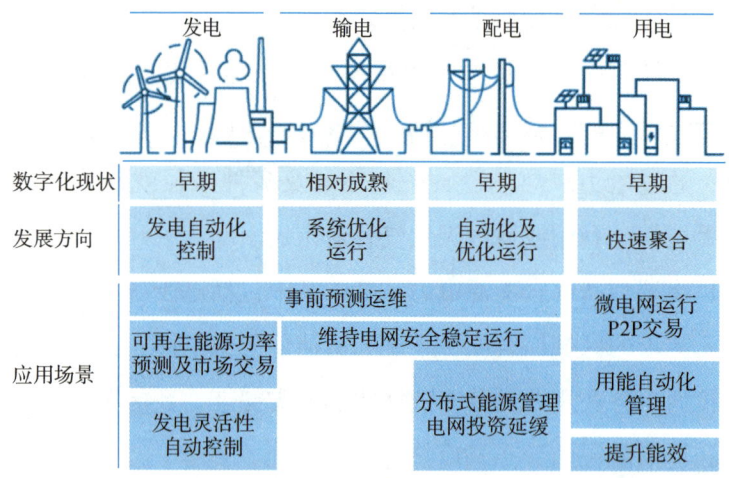

图3-3　电力系统数字化现状、发展方向及应用场景

资料来源：国际可再生能源署（IRENA），有改动。

四、能源技术装备创新总体思路

（一）能源技术装备创新驱动因素

1. 建设美丽中国，支撑绿色转型

党的十八大确立了"生态文明建设"的战略决策，党的十八届五中全会提出了"绿色"发展新理念。习近平总书记在 2020 年又提出了我国的碳排放目标，即"二氧化碳排放力争于 2030 年前达到峰值，努力争取 2060 年前实现碳中和"以及"到 2030 年，中国单位国内生产总值二氧化碳排放将比 2005 年下降 65% 以上，非化石能源占一次能源消费比重将达到 25% 左右，风电、太阳能发电总装机容量将达到 12 亿千瓦以上"。生态文明建设战略和绿色发展理念对经济社会发展的方方面面都提出了新的转型发展要求，对能源系统也不例外。能源革命的提出明确了未来我国能源发展的战略方向，能源技术革命不仅是能源革命的重要内容，也是实现能源生产革命、能源消费革命的重要支撑。

为支撑我国到 2030 年非化石能源占一次能源消费比重达到 25% 左右、2030 年前碳排放达到峰值、2060 年前实现碳中和等重大战略目标，必须加快能源绿色低碳转型，这是新时代建设美丽中国最紧迫的任务。需要通过能源技术创新，以高标准严要求加快构建绿色低碳的能源技术

体系。这就要求大力发展可再生能源规模化利用技术，开发先进核电技术；发展适应高比例可再生能源的新一代智慧能源系统关键技术；以及实现化石能源清洁转化利用。

2. 保障能源安全

保障能源安全是能源行业发展的底线原则，其内涵和要求在新时代背景下不断丰富，具体表现为能源供应安全、能源系统运行安全以及关键核心技术自主可控。

在能源供应安全方面，我国的能源供应安全主要表现为油气供应安全。在保证国内常规与非常规油气资源产量稳定的基础上，还应大力发展替代能源，包括大力发展和推动交通电动化，改进交通用能结构，以及发展低成本高效率的煤制油、煤制气等技术，探索核能工业供热、可移动电源热源等应用场景，拓展光热、生物质能、地热能利用空间。

在能源系统运行安全方面，大数据、云计算、物联网等现代信息技术在能源系统的推广应用，给能源系统带来了前所未有的网络安全挑战，系统运行的网络安全建设成为重点。一方面，加快推进工业级芯片及控制系统的国产化应用，防患于网络末端；另一方面，加快建立智能主动防御网络安全体系，提升能源网络防护能力。

随着国际竞争日益激烈，需要关注能源领域部分关键核心技术装备受制于人的问题。亟须以实现关键核心技术自主可控为目标，加快布局基础性、前瞻性、颠覆性研究，系统梳理并制定短板技术攻关路线图，发挥新型举国体制优势集中攻关，力争在一定时期内取得突破。注重以国际化视野健全技术标准和知识产权体系，巩固技术优势，提高国际竞争力。

3. 紧跟国际能源科技发展大势

国际能源科技逐渐向着能源结构清洁低碳化、能源系统数字化和智能化、终端深度电气化、能源多品种互联耦合化等方向发展。因此，从紧跟国际能源科技发展趋势的角度来看，需要大力发展可再生能源技术、满足高比例可再生能源电力系统的灵活性技术、电动车—电网互动技术、"风光水火储"不同电源品种间的协同规划及互补互济运行技术，以及多能流协同调度和"源—网—荷—储"互动互联运行技术等。

（二）技术创新需求

从生态文明建设、保障能源安全以及符合国际发展趋势出发，根据我国能源技术发展现状，继续增强我国能源技术处于优势的领域，同时要不断补强我国的技术短板，这是解决我国能源技术装备自主化、防范风险的根本需求，在复杂多变的国际形势下，关键核心技术竞争成为国家竞争的关键所在。

1. 强优势，锻长板

发展可再生能源规模化利用技术，包括大型风电技术，低成本高效太阳能技术，光伏建筑一体化技术，风、光、水多能互补技术，生物质、海洋能、地热能利用技术等；化石能源绿色开采与低碳、零碳利用技术，包括煤炭绿色开采和低碳、清洁、高效利用技术，二氧化碳高效捕存和利用技术，高效燃气轮机技术等。

2. 防风险，补短板

提升燃气轮机设计和制造能力，实现设备国产化；提升氢能产业技术水平，尤其是燃料电池及关键部件技术创新和制造，燃料电池领域整体差距还比较大，核心材料、关键部件等仍依赖进口；专用的零部件，比如特高压输电用的套管、开关等核心设备，燃气轮机叶片，风机主轴轴承等制造技术。

3. 强基础，促升级

开展通用的工业级芯片、关键基础材料和元器件的研发和制造等；

提升工业软件开发能力,包括部分风电、电动车、大型核电等领域用的分析设计软件,实现分析设计软件、控制系统的国产化应用,防患于网络末端。

4. 融系统,优平台

适应新能源为主体的新型电力系统的关键技术,包括适应高比例可再生能源电力的灵活交直流输电技术、电—气—热协同耦合技术、能源互联网技术、大电网与分布式电源融合技术、先进储能技术等;加快建立智能主动防御网络安全体系,提升能源网络防护能力。

技术装备创新需求分析见图3-4。

国家生态文明建设	·生态文明建设 ·绿色发展理念 ·能源生产和消费革命战略	·可再生能源低成本规模化利用技术; ·开发先进核电技术; ·化石能源清洁高效利用技术	强优势,锻长板
保障能源安全	·能源供应安全 ·能源系统运行安全 ·关键核心技术自主可控	·提升燃气轮机设计和制造能力,实现设备国产化; ·提升氢能产业技术水平; ·部分关键专用的零部件制造技术	防风险,补短板
		·通用的工业级芯片、关键基础材料的研发和制造等; ·分析设计软件、控制系统的国产化应用	强基础,促升级
国际能源与科技发展趋势	·能源结构低碳化 ·能源系统数字化和智能化 ·终端深度电气化 ·能源多品种互联耦合化	·适应新能源为主体的新型电力系统的关键技术; ·加快建设智能主动防御网络安全体系,提升能源网络防护能力	融系统,优平台

图3-4 技术装备创新需求分析

五、能源技术装备创新目标

到 2025 年，能源自主创新能力持续提升，一批"卡脖子"的关键技术取得重大突破，能源技术装备、关键部件及材料对外依存度显著降低，国际市场竞争力明显提升。

到 2035 年，能源自主创新能力全面提升，能源技术创新与制造能力整体达到国际先进水平，能源技术装备、关键部件及材料完全自主化。

到 2050 年，能源技术创新和装备制造能力整体处于世界领先水平，建立了完整的能源技术创新体系，对我国能源绿色发展和生态文明建设形成有效支撑。

我国能源技术创新总体目标和关键技术发展目标见表 3-1。

表 3-1 我国能源技术创新总体目标和关键技术发展目标

	2025 年	2035 年	2050 年
创新能力建设	能源自主创新能力持续提升	能源自主创新能力全面提升，能源技术创新与制造能力整体达到国际先进水平	能源技术创新和装备制造能力整体处于世界领先水平，建立了完整的能源技术创新体系

续表

		2025 年	2035 年	2050 年
供应链安全		光伏、动力电池、特高压输电等优势产业的供应链实现自主可靠；在 LNG、燃料电池、风电等领域的关键"卡脖子"或短板技术取得重大突破，能源技术装备、关键部件及材料对外依存度显著降低	进一步巩固优势产业；完全掌握 LNG、燃料电池、可再生能源制氢等领域的核心关键技术，建立完备的材料、部件、系统的制备与生产产业链	形成完整的能源自主创新体系和产业体系
核心关键技术	风电	国产化陆上风机达到 5~8 兆瓦水平；国产化海上风机达到 10~14 兆瓦水平，国产化海底电缆开始商业化应用，紧凑化柔直换流器进行远海并网示范应用	海上风电大功率机组及关键部件的设计制造技术达到国际先进水平；海上风电施工建设、柔直送出关键技术实现突破	全直流风场的技术。陆上风电开展新型风机、新直流组网与传输技术的示范应用。突破 30 兆瓦级超大型风电机组关键技术
	光伏发电	主流产品规模化产线效率达到 25%；突破高效双结叠层电池（如钙钛矿/硅叠层电池）产业化技术	N 型钝化接触电池或者 HIT 电池成为市场主流，效率在 27% 以上；高效率的双结叠层电池（如钙钛矿/硅叠层电池）实现 29% 效率的低成本商业化生产和应用	高效单结电池和高效双结叠层电池技术成熟，高效率双结硅基叠层电池将逐渐成为主流，光电转换效率在 35% 左右，高效率的化合物薄膜叠层电池也可能实现产业化
	输配电技术	特高压"卡脖子"装备基本实现国产化。柔性直流输电和多端柔性直流开始工程突破	全面解决特高压直流输电电气绝缘和电磁环境等关键技术。宽禁带器件推动柔性直流输电领域向更大容量和更高功率密度发展	全面建成广泛互联的特高压网络。特高压装备损耗指标、可靠性与智能化水平处于世界领先位置。基于柔性直流输电的直流电网推动建设广泛互联的电网格局
	储能技术	40 万千瓦级、700 米级超高水头超大容量抽水蓄能机组技术突破。电池系统能量密度在 300 瓦时/千克以上，循环次数 5000 次以上，日历寿命 15 年；储能电站从本地应用（100 兆瓦级）向系统级应用（吉瓦级）发展	抽水蓄能电站超高水头、超低水头水轮机和水电设备监测与智能诊断技术国际领先。电池系统能量密度在 400 瓦时/千克以上，循环次数 8000 次以上，日历寿命超过 20 年；新型锂离子电池将实现商业化	抽水蓄能电站大型水轮发电机组技术达到世界一流水平，占据国际市场较大份额。抽水蓄能、压缩空气储能、长寿命、低成本、高可靠性电池储能成为我国能源系统的重要调节手段

续表

		2025 年	2035 年	2050 年
	需求侧响应	虚拟电厂商业模式成立；有序充电技术进入商业普及阶段；能源互联网车网互动模式进入示范应用阶段	用户互动构建占峰值负荷 10% 以上调节资源，车网协同的有序充电和 V2G 得到普及应用；充换电模式不断丰富	终端能源生产者与消费者结合紧密，电动汽车及氢能源汽车全面替代传统能源汽车，交通领域形态发生根本性变化
	天然气管道输运技术	天然气管道输运核心技术装备国产化率达到 100%，基本消除"卡脖子"风险，初步建成天然气智慧管网	天然气管道输运技术装备自动化、智能化水平显著提升，整体达到世界先进水平，关键技术装备达到世界领先水平	天然气管道输运技术装备全面实现智能化，实现与能源互联网的融合发展，整体达到世界领先水平
	LNG 输运技术	LNG 输运核心技术装备国产化率达到 100%，形成健全的产业体系	LNG 输运技术装备配套能力显著提升	LNG 输运技术装备全面实现智能化，整体达到世界先进水平
核心关键技术	可再生能源制氢技术	碱性电解槽系统能耗不高于 4.1 千瓦时/标准立方米氢气，设备成本降低至 1000 元/千瓦；形成兆瓦级 PEM 电解技术，设备成本降低至约 7000 元/千瓦	碱性电解槽寿命系统能耗不高于 4.0 千瓦时/标准立方米氢气，成本降低至 800 元/千瓦以下；完全掌握大功率 PEM 电解技术，成本降低至 4000 元/千瓦以下	可再生能源制氢技术成为主流制氢技术，PEM 电解能耗小于 3.8 千瓦时/标准立方米氢气；可再生能源直接制氢技术实现规模化应用，制氢成本降低至 10 元/千克以下
	氢储运技术	突破轻质大容量 50 兆帕三型瓶长管拖车运氢技术。储运成本降低至 10~15 元/千克	掌握轻质大容量 70 兆帕级以上高压气氢运输技术；掌握并突破液氢运输技术，大幅降低氢液化能耗，小于 13 千瓦时/千克。储运成本降低至 6~9 元/千克	氢气液化能耗小于 10 千瓦时/千克；储运成本降低至 5~8 元/千克
	先进车用燃料电池技术	乘用车电堆比功率 4.5 千瓦/升，寿命 8000 小时；商业车电堆比功率 4 千瓦/升，寿命 20000 小时；70 兆帕等级Ⅳ型瓶批量生产	乘用车电堆比功率 6 千瓦/升，寿命超过 10000 小时；商业车电堆比功率 5 千瓦/升，寿命超过 30000 小时，燃料电池系统效率进一步提高到 65%~70%	燃料电池系统效率提高到 70%；电堆功率密度 >9 千瓦/升

续表

		2025 年	2035 年	2050 年
核心关键技术	燃料电池分布式发电技术	PEMFC 分布式发电系统使用寿命 100000 小时以上；SOFC 热电联供系统的额定功率达到 25 千瓦，寿命达到 30000 小时	SOFC 热电联供系统的额定功率达到 100 千瓦~1 兆瓦，系统寿命达到 50000 小时	SOFC 热电联供系统的寿命在 100000 小时以上

第四篇

能源技术装备创新关键领域及重点任务

一、新能源电力系统及技术装备

（一）发展趋势

从需求导向出发，新能源电力系统技术装备首先需要满足新能源电力系统发展提出的应用需求。新能源电力系统发展趋势如图4-1所示。

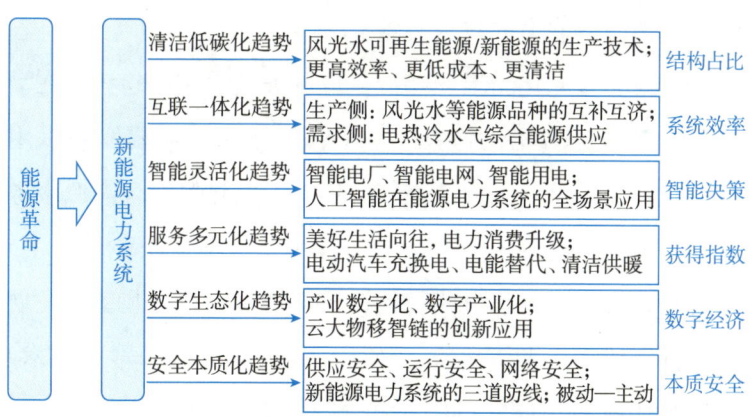

图4-1 新能源电力系统发展趋势

新能源电力系统技术装备不仅需要符合市场应用需求，而且应符合科学技术的客观规律。在巨大的市场潜力和数字赋能及智能制造共同作用下，新能源电力系统技术装备将快速发展。

一是满足清洁低碳化需求的可再生能源发电技术装备趋势。在满足新能源电力系统"清洁低碳化趋势"的应用需求下，需要发展更清洁、更低成本、更高效率的新能源发电技术装备，包括风力发电机组、光伏光热发电机组、水电机组等可再生能源发电装备。

二是满足互联一体化需求的能源转换协同技术装备趋势。在满足新能源电力系统"互联一体化趋势"的应用需求下，需要发展"风光水火储"不同电源品种间的协同规划及互补互济运行技术；发展多能流协同调度和"源—网—荷—储"互动互联运行技术；研制"电—热—气"互转的能源转换技术装备；研制电热冷水气综合能源供应技术装备。

三是满足智能灵活化需求的技术装备趋势。在满足新能源电力系统"智能灵活化趋势"的应用需求下，需要发展智能电厂、智能电网、智能用电技术装备。为提升能源电力网络的灵活性，丰富调节资源和手段，发展灵活性电源、灵活性电网、灵活性负荷以及大规模储能等技术装备；通过无人机、作业机器人、人工智能提升电力系统的故障诊断、智能运维、灾害应急能力的技术装备。

四是满足服务多元化需求的能源供应服务技术装备趋势。在满足新能源电力系统"服务多元化趋势"的应用需求下，需要发展以用户价值为导向，同步提供绿色电力、燃气、供水、供热等综合能源服务的技术装备；发展为客户提供优质电力、节能和智慧增值服务的技术装备；发展电动汽车充换电服务、电能替代、清洁供暖的技术装备；发展近零能耗建筑、直流楼宇、光伏建筑一体化、建筑智慧能源管理技术装备；发展基于分布式电源与储能的需求侧响应、用户互动及虚拟电厂技术装备。

五是满足数字生态化需求的技术装备趋势。在满足新能源电力系统"数字生态化趋势"的应用需求下，需要发展能源电力数字技术。支持水、气、电集采集抄的智能传感技术装备；基于5G/光纤/现场总线的现代信息网络；建设跨行业能源电力数据平台；通过数据数字技术，整合"人—机—物"各要素，实现资产高效利用，提升智能运营水平，构建零边际成本的高效系统；发展无人机、作业机器人在电力生产中全环节的应用。

六是满足安全本质化需求的技术装备趋势。在满足新能源电力系统"安全本质化趋势"的应用需求下，需要发展大电网安全稳定运行技术装备；发展重大装备的故障诊断和智能运维技术装备；发展电力系统灾害应急的技术装备；发展信息网络安全技术装备。

综上所述，作为我国智能制造的重要内容之一，新能源电力系统技术装备发展的总体方向是：推进新能源和数字技术融合，围绕新能源生产、传输与消费的持续升级，深化云计算、大数据、物联网、移动互联、人工智能、区块链技术应用，提升技术装备全生命周期的智能化和可靠性水平，降本提效，逐步建立完善产业链，具备国际市场竞争力。

（二）发展目标

新能源电力系统技术装备中长期发展总体目标：

围绕"两个一百年"奋斗目标，坚持以国家战略需求为导向，围绕构建特征鲜明的新能源电力系统，提供技术支撑和装备保障。

到 2025 年，新能源电力系统自主创新能力持续提升，基础研究和关键技术取得突破，能源技术装备、关键部件及材料对外依存度显著降低，形成一批带动性强的高端装备，智能制造水平先进，国际市场竞争力明显提升。

到 2035 年，新能源电力系统自主创新能力全面提升，基础研究取得重大突破，智能制造水平领先，技术装备水平整体达到国际先进水平，支撑我国能源高质量发展，国际市场竞争力明显提升。

到 2050 年，新能源电力系统自主创新能力从并跑到领跑，技术创新体系完整，智能制造水平领先，技术装备水平整体达到国际先进水平，支撑我国能源革命战略目标的实现，国际市场竞争优势明显。

新能源电力系统技术装备发展目标见图4-2。

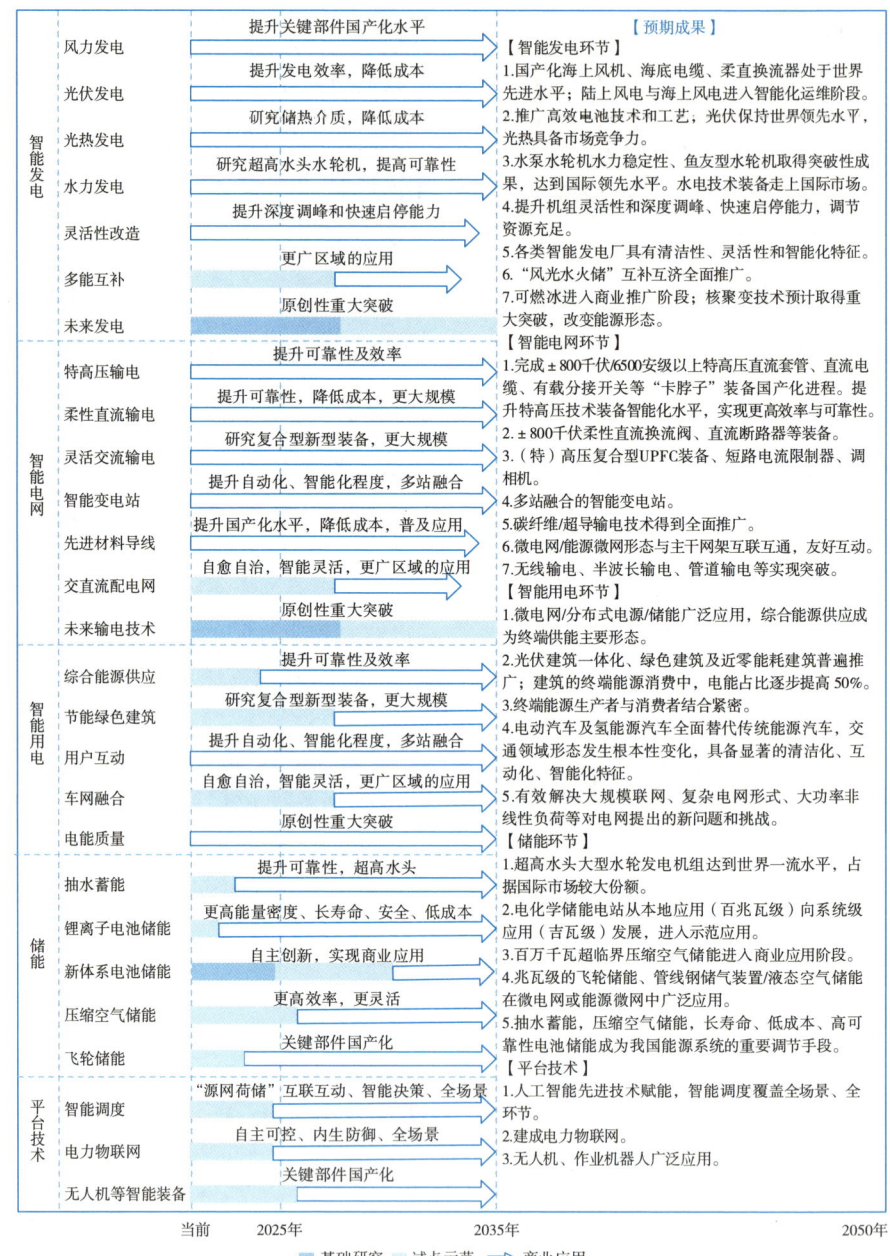

图4-2 新能源电力系统技术装备发展目标

(三) 重点任务

1. 智能发电环节重点任务

2025年。①风电。从以陆上发电技术装备为基础的技术发展到大规模海上风力发电以及高空风力发电。国产化陆上主流风机达到5~8兆瓦水平；国产化海上主流风机达到10~14兆瓦水平，国产化海底电缆开始商业化应用，紧凑化柔直换流器进行远海并网示范应用；陆上风电与海上风电进入智能化运维阶段。②光伏与光热。推广普及高效电池技术和工艺，提高晶硅电池效率；逐步推进太阳能热发电向高效率、低成本、高可靠性发展。③水电。水泵水轮机水力稳定性、鱼友型水轮机取得突破性成果，达到国际领先水平。水电技术装备走上国际市场。④灵活性改造的总体目标是提升机组灵活性和深度调峰、快速启停能力。全国调节电源增加到10%左右。

2035年。①陆上风电与海上风电、低速风电以及高空风电、集中式与分散式风电的发展，使得不同地理环境的风能资源都得到利用。海上风电大功率机组及关键部件的设计制造技术达到国际先进水平，海上风电规划、施工建设、柔直送出关键技术实现突破；实现直流换流平台（含柔直换流阀）的小型化、高防腐性和高抗震性应用。②光伏与光热。效率超过25%的高效晶体硅太阳电池实现产业化，HIT电池的国产化率在85%以上；大幅度提高CIGS和碲化镉电池的效率，并建立具有完整自主知识产权生产线。掌握智能光伏电站设计和建造成套技术，实现电站效率达80%以上。采用高参数熔盐技术，蓄热时长超过9小时，可实现24小时不间断发电，掌握100兆瓦槽式和100兆瓦单机塔式太阳能电站系统集成技术；碟式太阳能斯特林机设计与制造实现商业化应用；实现以DSG技术为主的菲涅尔太阳能热发电的广泛应用。③水电。在超高水头、超低水头水轮机设计理论和水电设备监测与智能诊断技术方向取得创新性成果，研究成果达到国际领先水平。水电自动化与智能化关键技术达到国际先进水平。水电技术装备占据国际市场较大份额。④全国调节电源增加至18%左右。

2050年。①风电。全直流风场的技术方案省去了传统交流风场的交流升压变压器，转换效率更高，因此更能发挥出先进电力电子技术的优势，同时也能更好地与柔性直流输电相配合，具有更好的发展潜力。陆上风电开展新型风机、新直流组网与传输技术的示范应用；海上风电规划、施工建设、柔直送出关键技术实现新的突破；陆上风电以及海上风电的建设和运行成本进一步降低，具备竞争力。②光伏与光热。太阳能发电技术已经得到成熟发展，全国已建成较为完整的光电能源基地，集中式与分布式光伏发电协同发展，在电力系统中得到广泛应用；光伏与光热发电技术全面成熟，使得不同能源形式的太阳能资源都得到充分利用。③水电。取得一批国际领先的研究成果，引领水力机械与机电学科的发展。水电技术装备占据国际市场较大份额。④各类智能发电厂具有清洁性、灵活性和智能化特征。⑤"风光水火储"互补互济进入全面推广。

2. 智能电网环节重点任务

2025年。①特高压输电。该阶段通过研究不同气候、环境条件下特高压线路，掌握特殊环境下特高压外绝缘技术，从而推动全国不同环境条件地区的电网广泛互联。开展"卡脖子"装备的国产化研究，获得初步成果。开展基于超导/碳纤维导线输电技术的理论与实践的示范研究。开展先进传感、无人机与人工智能对特高压线路与装备的智能运维、故障诊断研究。②柔性直流输电。完成紧凑化、智能化、悬吊式换流阀设计，柔性直流海上平台应用关键技术取得突破，适用于架空线的柔性直流换流器关键技术和工程化应用技术取得突破；±800千伏柔性直流输电和多端柔性直流工程取得突破；开展直流限流器、直流潮流控制器等新型直流装备关键技术研究及样机研制以及基于宽禁带器件的柔性直流换流阀小型样机研制。中压柔性直流技术在配电网得到应用。工业物联网与大数据技术提升柔性输电核心设备的智能化水平，并取得突破。③灵活交流输电。复杂电网格局面临着动态无功支撑不足、多馈入直流系统换相失败、潮流分布不均、短路电流超标、安全运行等挑战，潮流控制技术向超大容量及功能复合型发展；集成短路电流限制等功能的复合型 UPFC 装备技术得到研究和示范应用；基于宽禁带器件的 UPFC 技术开始进入基础研究阶段。装置可靠性和智能化运维技术取得突破。④智能变电站。加快智能变电站规划建设。在对传统变电站进行智能化改造的基础上，对新一代智能变电站进行规划，同时推进智能变电站的运行。⑤先进材料导线。碳纤维导线与超导输电技术在大城市负荷中心大容量输电、大规模新能源发电汇集、山口峡谷等走廊紧张地区输电等场景开展示范应用；更低成本的碳纤维导线制造技术取得突破；低成本、高性能的超导材料技术持续研究。⑥交直流配电网。完成配电网新一轮升级建设，供电可靠性和服务整体持续提升。构建"源—网—荷—储"相协调的区域性分布式发电群控群调系统，完成面向电力物联网的配电自动化系统建设，完成柔性全可控灵活配用电系统关键装备研发，建立直流配用电系统典型供用电模式，形成中低压直流配电网典型设计方案；直流配用电核心装备全面达到实用化水平，能源电力路由器（电力电子变压器）平均转换效率在98%以上。

2035年。①特高压输电。提高特高压输电网络的输电效率。基于超导输电技术的理论与实践的突破，将特高压输电技术与超导/碳纤维导线输电技术进行融合，提高特高压输电网络的传输效率。全面突破特高压直流输电电气绝缘和电磁环境等关键技术；实现环保型绝缘气体工业化生产；研制出 ±800 千伏/6500 安级以上特高压直流套管，±800 千伏直流电缆本体及屏蔽材料定型研发，在我国 8~12 吉瓦特高压直流工程中使用新型高可靠性有载分接开关。提升特高压技术装备智能化水平，实现更高效率与可靠性。②柔性直流输电。宽禁带器件推动柔性直流输电领域向更大容量和更高功率密度发展，开始工程推广应用。特高压、超大容量的换流阀在可靠性、智能化、低损耗等方面取得重大研究成果。柔性直流输电成本下降且可靠性提升，与传统输电相互配合在电力系统中灵活应用，解决海上风电等集中式新能源发电的并网问题。新型直流输电和直流电网工程技术进入示范应用。③灵活交流输电。集成短路电流限制等功能的复合型 UPFC 装备技术得到广泛应用；基于宽禁带器件的 UPFC 装置进行示范工程应用。新型 FACTS 装置应用于超/特高压交直流送端电网功率振荡抑制、交直流混联系统无功电压稳定控制、紧急无功支撑抵御多馈入直流系统换相失败、大型交流电网潮流优化控制、电网潮流及短路电流复合控制等方面，开展关键技术研究、装置研制和工程应用。④智能变电站。大数据、人工智能等新兴技术的不断发展，为智能变电站的发展方向提供了新的思路。通过将传统智能变电站技术与新兴技术融合，不断增加智能变电站的业务模式，提高智能变电站的运行水平。全面普及智能变电站。新能源电力系统最大的特征是坚强智能电网。智能变电站在新一代电力系统中扮演重要的角色。智能变电站的灵活应用使得电力系统的广泛互联得到保障，同时随着新能源电力比例的增加，智能变电站的作用将愈加明显。⑤先进材料导线。低成本、高性能的超导材料技术取得重大突破。液化天然气/液氢等新型工质冷却关键技术取得突破，使得超导输电系统可以兼具"输电""输送燃料""储冷""储氢"等多种附加功能，可实现能源与资源的最优配置。超导材料制备技术成熟、价格低，超导输电在经济性上具备与常规技术/装备竞争的基础，可实现多种功能与运行模式。在新能源基地、城市电网、主干输电网等场合得到更多应用。⑥交直流配电网。基于电力物联网技术，配电网升级建设，供电可靠性和服务整体接近国际先进水平。分布式电源、能源路由器、电池储能等关键设备发展成熟；配电设备的电力电子化特征明显；在可再生能源集中式与分布式协调发展的格局下，交直流微电网与骨干电网成为未来电网的重要形态；直流配电网规模化试点应用，掌握大规模多电压等级直流配电网直流高速故障处理技术，直流配电核心装置国产化率在 90% 以上，全面市场化应用；交流配电网和直流配电网同时存在，共同构成交直流混合的配电网络，不断增强配电网可靠性与灵活性。

2050 年。①特高压输电。全面建成广泛互联的特高压输电网络。特高压技术装备损耗指标、可靠性与智能化水平处于世界领先位置。②柔性直流输电。宽禁带电力电子器件普及应用，全面提高电力电子装备的电气性能与可靠性，广泛应用于可再生能源并网领域，推动风能太阳能等可再生能源的大规模开发和利用。基于柔性直流输电的直流电网推动建设广泛互联的电网格局。③灵活交流输电。潮流控制技术在跨区域互联电网中发挥重要作用。促进多种能源广泛互联接入，电网潮流调节性能快速稳定。④智能变电站。全面普及智能变电站。新能源电力系统最大的特征是坚强智能电网。智能变电站在新一代电力系统中扮演重要的角色。智能变电站的灵活应用使得电力系统的广泛互联得到保障，同时随着新能源电力比例的增加，智能变电站的作用将愈加明显。⑤先进材料导线。碳纤维导线/超导输电技术得到全面推广。大容量、高效率、高可靠性、与常规电力系统良好的兼容性，高温超导输电技术的进步为未来电力系统发展带来重大的技术变革。⑥交直流配电网。基于电力物联网技术，配电网升级建设，供电可靠性和服务整体达到国际先进水平。伴随着负荷侧灵活可控的直流用电设备发展和新型功率变换技术的出现，直流配电网基本实现全覆盖。实现自给自治的微能源网成为未来终端能源供应的重要形态。

3. 智能用电环节重点任务

2025年。①综合能源供应。工业园区与公共建筑成为开展综合能源服务的重点对象；微电网与分布式电源取得长足进展，成为综合能源供应的重要支撑。②节能绿色建筑。建筑的终端能源消费中，电能占比逐步提高；节能建筑标准推广。③用户互动。电力市场建成，虚拟电厂商业模式成立。④车网融合。新基建改善电动汽车充电桩布局，有序充电技术进入商业普及阶段；能源互联网车网互动模式进入示范应用阶段。⑤电能质量。微电网电能质量监测系统与融合储能的电能质量装置进入商业普及阶段。

2035年。①综合能源供应。分布式电源与储能得到广泛应用，综合能源供应成为终端供能的主要形态。②节能绿色建筑。建筑的终端能源消费中，电能占比逐步提高到40%；节能建筑及绿色建筑推广。③用户互动。虚拟电厂的商业模式成熟且不断创新。用户互动构建占峰值负荷10%以上调节资源，5G的智能交互终端得到推广应用。④车网融合。车网协同的有序充电和V2G得到普及应用；充换电模式和换电模式不断丰富，大力发展智能车路协同系统。⑤电能质量。支持智能电网运维的电能质量决策支持系统开始普及。优质电力技术装备向高功率密度、智能化、综合型方向发展。

2050年。①综合能源供应。我国微电网技术实现全面突破，能源互联网创新技术不断推动综合能源供应向更高阶段发展。②节能绿色建筑。光伏建筑一体化、绿色建筑及近零能耗建筑普遍推广；建筑的终端能源消费中，电能占比逐步提高到50%。③用户互动。终端能源生产者与消费者结合紧密。④车网融合。电动汽车及氢能源汽车全面替代传统能源汽车，交通领域形态发生根本性变化，具备显著的清洁化、互动化、智能化特征。⑤电能质量。有效解决大规模联网、复杂电网形式、大功率非线性负荷等对电网提出的新问题和挑战。

4. 储能

2025 年。抽水蓄能达到 9000 万千瓦装机。40 万千瓦级、700 米级超高水头超大容量抽水蓄能机组技术突破。电池能量密度达 400 瓦时/千克以上；新型锂离子电池将实现商业化；储能电站从本地应用（100 兆瓦级）向系统级应用（吉瓦级）发展，进入规模化应用。百万千瓦的（盐穴）非补燃压缩空气储能电站投入运行。飞轮储能中核心部件国产化进程加快，进入批量化示范应用。

2035 年。抽水蓄能电站超高水头、超低水头水轮机和水电设备监测与智能诊断技术达到国际领先水平。我国电化学储能技术从与世界先进水平并跑到领跑。电池能量密度在 500 瓦时/千克以上；固态电池、锂硫电池、金属空气等新体系电池进入商业化阶段。百万千瓦超临界压缩空气储能进入商业应用阶段。兆瓦级的飞轮储能、管线钢储气装置/液态空气储能在微电网或能源微网中广泛应用。

2050 年。抽水蓄能电站大型水轮发电机组技术达到世界一流水平，占据国际市场较大份额。抽水蓄能、压缩空气储能、长寿命、低成本、高可靠性电池储能成为我国能源系统的重要调节手段。

5. 平台性技术重点任务

2025 年。建成超大规模全电磁暂态仿真系统；混合增强人工智能技术、电网调度运行知识图谱分析、运行状态分析和预警技术等先进算法得到试点应用；研制电力物联网支撑控制保护及调度运行业务的关键装备；建成送受端电源联合发电控制，电网调控全景监测、预警和决策等示范项目；火电/核电调峰和调频性能显著改善，有效支撑清洁能源消纳。基本建成电力物联网。无人机与作业机器人在电力系统得到推广应用。

2035 年。全景监测、全息感知的数字电网建设，推进新一代智能调度系统建设；人工智能技术在新一代电网智能调度中得到深化研究，取得突破；完成基于人机知识交互的安全稳定分析与控制系统研发；新一代调度技术与新能源发展以及电力市场发展相协调。全面建成电力物联网。无人机与作业机器人在电力系统得到广泛应用。

2050年。建成完善的世界一流智能调度技术，在未来新能源电力系统中扮演重要角色，保证电网的安全稳定运行。

二、氢能产业及技术装备

（一）发展趋势

1. 制氢发展技术趋势

如果不考虑碳排放成本，煤制氢的成本在很长时间内都将最低；工业副产氢的成本低，也没有额外的碳排放成本，但是产能受限。而可再生能源电力制氢成本在相当长时间内仍然要高于其他方式，只有随着可再生能源电力成本大幅下降才能逐步展现其经济性。预计到2050年以前，可再生能源电力制氢有望成为新的成本最低的制氢路线。

当前碱性电解槽在效率和经济性上优于PEM电解槽，一个很重要的原因就在于碱性电解槽的单槽功率要远大于PEM电解槽。国内碱性电解槽单槽最大的制氢能力已经达到每小时1000立方米氢气，额定功率约合5兆瓦。而国内PEM电解槽单槽功率还在数十千瓦量级，国际上功率最大的也刚到兆瓦量级。单槽功率高，不仅能够降低单位功率的造价，同时也能够提高系统的转换效率（系统中除电解槽以外的设备耗能相对恒定）。虽然碱性电解槽技术已经相对较为成熟，但是仍能通过提高单槽功率或者提高系统中的电解槽数量，以及进一步改进电解槽电化学特性等，来降低单位功率的造价和制氢的单位能耗。而PEM电解槽由于发展得较晚,技术进步空间要大得多,还能够大幅降低单位造价以逐渐接近碱性电解槽的水平,并将单位能耗优化到比碱性电解槽更优的水平。

2. 储运发展技术趋势

当前以长管拖车为主的氢储运方式,受限于极低的运输效率(质量比1%~2%),不仅运输成本高,而且运输距离受到极大限制,只能用于较小规模、运距短的场景。随着氢能产业发展,需发展能实现长距离运输的低成本储运方式。在技术成熟后,若能提高长管拖车的压力标准到50兆帕,其将成为中短距离运输经济且灵活的方式。目前,大、中规模的固定式压缩气体储氢技术正朝着大容积、高压力、轻重量的方向发展,国内外研究机构和厂商正在攻克高压储罐的批量制造难题,预计届时储氢成本将会进一步降低,性能也会得到相应提升。

管道运输则适用于大规模、长距离的氢气运输,可有效降低运输成本。但管道运输初始投资很大,只有利用率较高时,如超过50%,运输成本才比长管拖车和液氢低,适合在氢能大规模发展之后作为大规模、长距离运输的主要手段。

液氢罐车储氢密度高且比管道运输更为灵活,适合中长距离的点对点运输,但液化过程能耗高(每千克氢气液化需15~20千瓦时),亟须降低液化设备投资成本和液化能耗。现有技术条件下液化过程的能耗和固定投资较大,液化过程的成本几乎占到整个液氢储运环节的90%。随着液化设备的规模效应的显现和技术进步,液化的单位能耗和设备成本有较大的下降空间。未来面向大规模的液氢生产需求,解决氢液化系统效率低、投资大的主要问题,提高氢液化系统效率是首要途径。对于大规模液氢装置,可通过改善预冷液化循环、改进压缩机和膨胀机工艺设备等途径,降低氢液化系统的综合能耗和投资成本。预计未来液氢实现大规模运行可将氢液化能耗和装置投资成本大幅降低,从而推动氢液化成本相比当前大幅降低。

3. 氢能应用发展趋势

（1）车用

燃料电池是燃料电池汽车最核心的部件。燃料电池电堆主要由膜电极组件和双极板构成，其中膜电极组件是燃料电池电堆的核心。膜电极组件技术不仅在整个电池系统中占据最核心和最关键的位置，其成本同样也主导了电堆的成本构成。虽然近年来燃料电池价格快速下降，2020年，国内商用车的燃料电池电堆的价格比2019年下降50%以上，降低至2000元/千瓦左右，整个燃料电池系统价格约为5000元/千瓦，但与电动车和燃油车比仍然十分昂贵。高昂的价格是限制当前燃料电池汽车规模化推广的主要因素之一。通过扩大产能及提升系统比功率可有效提升车用燃料电池的技术经济性。

除燃料电池系统外，储氢系统不仅决定了车的续航能力，其成本也是整车成本构成中的重要组成。用于燃料电池汽车中的储氢瓶，国际上目前有纤维缠绕树脂内胆（Ⅳ型瓶）和纤维缠绕金属内胆（Ⅲ型瓶）两大类，压力标准主要有35兆帕和70兆帕两种。日本的丰田Mirai乘用车已经采用70兆帕的Ⅳ型瓶，其质量储氢密度高达5.7%。国内受制于技术和安全标准，目前只能选用35兆帕的Ⅲ型瓶，常用碳纤维缠绕铝合金内胆气瓶的Ⅲ型瓶，质量储氢密度约为4%。因此国内需要通过提高技术水平，在保证高安全标准的前提下不断提高储氢系统的单位储氢密度，储氢瓶朝着高压、轻量化方向发展。

未来在乘用车市场，燃料电池车难以成为主流。FCV的经济性均不如EV，但是2035年以后，FCV与长续航电动车的差距并不明显，FCV相比电动车还具有加氢速度快、寒冷地区续航衰减小的优势，燃料电池乘用车在少数地区尤其是北方严寒地区有可能占据一定的市场。

在商用车领域，尤其是大客车和重型货车，在长距离运输场景下，

FCV 的全生命周期经济性将在 2035 年左右超过电动大巴和燃油大巴。

（2）分布式发电

国内应用于分布式发电站的燃料电池系统目前还处于实验研发阶段。因分布式发电站对电堆寿命要求较高，我国 PEMFC 企业研发重点更偏向于对寿命要求更小的移动式发电和备用电源领域，还未推广分布式发电站的示范。而我国 SOFC 和 MCFC 燃料电池企业整体技术开发进度相较于 PEMFC 更慢，因经费限制只研发出几千瓦至几十千瓦级的分布式发电样机，还未能开展百千瓦级以上的系统研发，也没有成熟的产品面向市场。

随着技术进步和成本大幅下降，预计到远期（2050 年以前）大型燃料电池热电联产系统才能逐渐展现出经济性，近中期高成本将成为中国进行市场推广的主要障碍。至于小型燃料电池热电联供系统，即使到远期，其发电成本也将明显高于终端电价，因此也难以在国内的居民和工商业用户中大规模推广。

（二）发展目标

氢能产业发展初期（到 2025 年），除原来工业中氢气的用途外，作为燃料增量有限，工业副产制氢因成本较低，且接近消费市场，将成为有效供氢主体；中期（到 2035 年），原来工业用途的氢气仍将以化石能源制氢方式为主，而对于以交通为主的增量用氢，则将形成可再生能源发电制氢和工业副产氢并重的制氢方式；远期（到 2050 年），集中式的可再生能源电力直接制氢成本最低，将不高于 10 元/千克，而利用电力市场的低价电网电制氢的成本也将处于较低的水平（约 17 元/千克），并发挥离消费市场近的优势减少储运成本。届时可再生能源电力直接制氢和电网电制氢将成为主要的制氢方式，同时各地也可结合自身资源、禀赋、兼顾技术发展、经济性以及环境容量，因地制宜选择其他制氢路线。而对于氢能储运的发展，则将按照从气态低压到高压以及从气态到液态及管道等多元共存的技术发展方向，逐步提升氢气的储存和运输能力（见表4-1）。

表4-1 我国氢能供应体系发展目标和技术路径

项目	2025年	2035年	2050年
制氢成本（元/千克）	17~20	13~16	10~17①
制氢路径	工业副产氢提纯为主；可再生能源电解水制氢小规模示范	集中式的可再生能源电解水和工业副产氢并重	可再生能源电力直接制氢和电网电制氢为主，辅以工业副产氢提纯
储运成本（元/千克）	10~15	6~9	5~8
储运路径	20兆帕和50兆帕高压气氢储运为主	50兆帕高压气氢储运+液氢槽车运输	50兆帕以上高压气氢储运+液氢储运+管道储运
加氢成本（元/千克）	10	7	5
加注模式	油（气）氢合建站为主；在制氢加氢一体站试点运营	大容量化，1000千克/天以上为主	大容量化、多元化

氢能在不同应用领域有着不同的潜力和发展节奏。随着经济性的提升，氢能在工业、交通、建筑与发电等领域逐步渗透。氢能将在交通领域最早实现商业化应用，前期以大客车为主，后期则将实现长距离重载货运和长途客运的大规模应用，并成为氢能消费的重点。到2050年氢能将在中国终端能源体系中占约11%，氢气消费量近7300万吨。其中，交通运输领域用氢2540万吨，工业领域用氢约4700万吨，建筑及发电领域用氢约340万吨（见表4-2）。

---

① 其中可再生能源电力直接制氢成本为10元/千克，电网电制氢成本为17元/千克。

表 4-2 氢能应用发展路径及目标展望

项目	2025 年	2035 年	2050 年
交通	燃料电池客车和轻卡实现一定规模的推广。累计推广 8 万~10 万辆	燃料电池重卡和大客车实现商业化规模应用；乘用车在部分地区实现一定规模应用。累计推广超过 150 万辆	重型货车和大客车领域燃料电池车成为主要方式；乘用车在细分市场实现规模化应用。累计推广 1500 万辆以上，氢气消费 2500 万吨左右
工业	绿氢在工业中小规模技术示范	绿氢在合成氨、合成甲醇以及石油炼化中开始对灰氢进行规模化替代，氢能炼钢开始产业化	工业领域用氢约 4700 万吨。绿氢在合成氨、合成甲醇及炼钢行业中实现大规模的应用，氢合成燃料开始规模化应用
燃料电池发电	小规模技术示范	达到约 1 吉瓦规模	燃料电池发电力争达到约 25 吉瓦规模；成为电力系统长周期储能的重要方式

（三）重点任务

1. 制氢技术发展路线及重点任务

电解制氢技术是未来我国制氢技术发展的重点。为满足我国中长期新增氢气需求，2025 年电解水制氢 75 万吨/年，其中绿氢占比约 35%，2035 年电解水制氢 870 万吨/年，绿氢占比 >90%，2050 年电解水制氢 4000 万吨/年。需要提升电解槽关键材料及组件的性能，开发出高性能、长寿命、低成本的碱性电解水及 PEM 电解制氢设备，形成系统性、自主化的完整产品体系，满足可再生能源制氢、传统工业制氢及其他用氢场景的需求。

2025 年，通过关键材料研发及应用，实现碱性电解水制氢设备电解能耗≤46 千瓦时/千克氢，电解效率≥71%，并通过材料替代及新结构应用，降低设备成本至 1000 元/千瓦，设备寿命提高至 9 万小时以上。PEM 制氢设备电解能耗≤51 千瓦时/千克氢，电解效率≥71%，设备制造成本降低至 7000 元/千瓦（5 万~6 万元/标准立方米氢），寿命提高至 8 万小时以上。通过可再生能源制氢示范项目的成功运行，推动可再生能源制氢技术的规模化应用。

2030 年，ALK 设备电解能耗≤44 千瓦时/千克氢，电解效率≥75%，设备成本降低至 800 元/千瓦，设备寿命继续提高至 10 万小时以上。PEM 技术领域实现质子交换膜关键材料的国产化替代，实现 PEM 设备电解能耗≤42 千瓦时/千克氢，电解效率≥78%，设备成本降低至 4000 元/千瓦，寿命提高至 10 万小时以上。

制氢发展路线如图 4-3 所示。

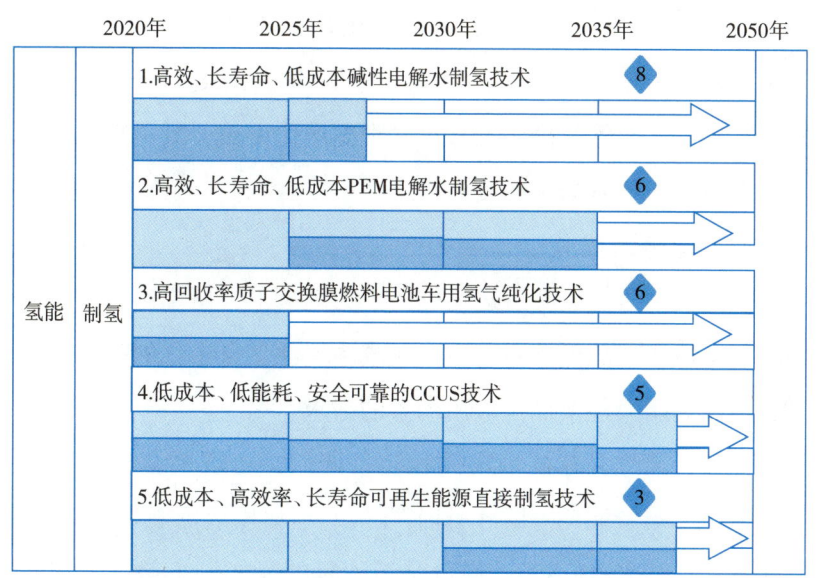

图 4-3 制氢发展路线

注：重要性打分说明——低于 5 分，不作为产业发展，以前沿基础研究为宜；6~7 分，较为重要；8~9 分，非常重要。下同。

2. 氢气储运技术发展路线及重点任务

（1）高压气氢输运技术

为降低高压气态长管拖车储运成本，开发适用于公路运输高压气态应用场景的、高储氢密度的高压气态长管拖车技术与装备。

2025年，提高长管拖车压力至50兆帕，开发单车运输容量达到1000千克左右。在储氢容器内胆材料方面，突破大容量、高压、长寿命储氢瓶内衬材料的国产化开发，材料使用寿命满足国内国际相关技术标准要求，标准操作压力高于50兆帕，使用寿命大于15年。开发高压管束使用寿命预测技术，提高产品使用寿命及安全性。在体系建设方面，突破50兆帕运输标准与法规，形成气态高压管束检测、认证、监测体系，建立在线安全监测、报警和寿命预测能力。

2030年突破氢气长管拖车70兆帕运输压力、储氢容量1200千克以上的Ⅲ/Ⅳ型瓶长管拖车储运技术。优化管束储氢密度，基本实现以Ⅲ型为主，具备Ⅳ型示范应用的能力，建立70兆帕运输压力标准体系。运输用高压氢气瓶管束碳纤维材料实现国产化突破，其材料强度、均匀性、稳定性基本达到国际同类材料水平。

（2）液氢输运技术

突破液氢制备、储存、运输等环节关键技术，研制出大型氢液化设备、液氢储运容器关键核心装备，形成系统性、自主化的完整液氢产品体系，满足氢能大规模储运应用场景的需求。

2030年，通过关键技术攻关和装备研制，实现单套氢液化设备产量≥5吨/天，装置能耗＜15千瓦时/千克；运输用液氢槽罐≥40立方米，液氢静态日蒸发率≤0.8%。通过基于液氢的氢能制备储运加注示范项目的成功运行，推动液氢制备储运加注全生命周期技术的国产化及规模化应用。

2035年，实现单套氢液化设备产量≥10吨/天，装置能耗＜13千瓦时/千克；运输用液氢槽罐≥40立方米，液氢静态日蒸发率≤0.6%；液氢增压泵压力≥87.5兆帕，能耗≤0.5千瓦时/千克，流量≥100千克/小时。基本解决液氢作为氢能源规模化储运与供应的技术障碍，推动液氢在燃料电池、化工、电子等领域的规模化应用。

2050年，实现单套氢液化设备产量≥30吨/天，装置能耗＜10千瓦时/千克；实现液氢储存容器单台储氢容积≥3000立方米，储重比≥30%，日蒸发率≤0.1%。将液氢作为能源规模化输送与转移的载体。

氢储运发展路线如图4-4所示。

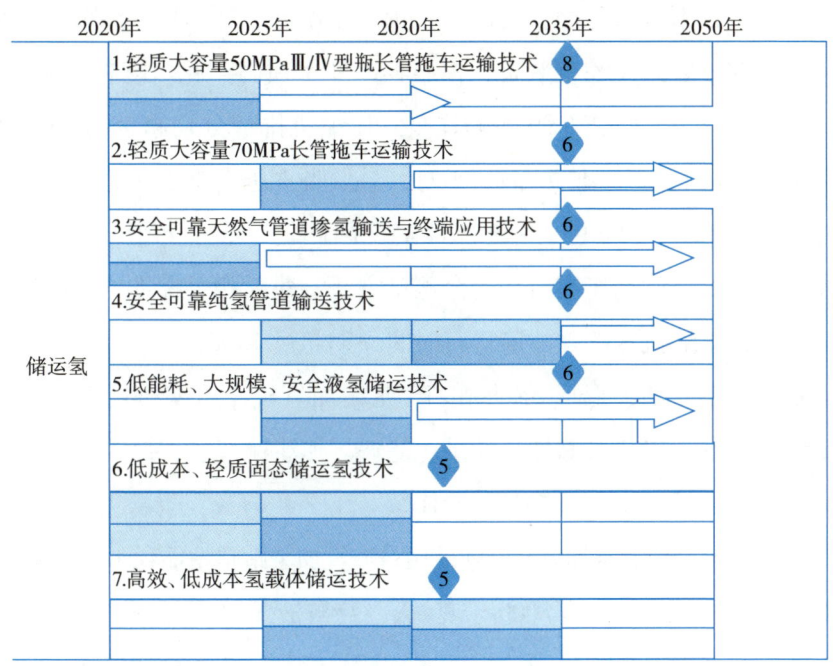

图4-4 氢储运发展路线

3. 加氢技术发展路线及重点任务

建立健全适合我国大容量应用场景的低能耗、高可靠性、快速加氢站技术与装备体系。

2025年，实现全国70兆帕加氢站占比30%，70兆帕加氢站整站能耗低于4.5千瓦时/千克，加注能力2000千克/天。加氢机技术装备方面，实现35兆帕/70兆帕加氢装备核心零部件国产化，成本下降50%以上，通信式加氢加满度超过95%。35兆帕加氢能耗低于1.5千瓦时/

千克，在安全范围内加氢平均速率达到 2.5 千瓦时/分钟，最大加氢速率达到 7.2 千瓦时/分钟。70 兆帕加氢机能耗低于 2.5 千瓦时/千克。建立相关标准，提高 35 兆帕/70 兆帕加氢机可靠性，35 兆帕加氢机连续无故障加氢次数超过 1000 次，70 兆帕加氢机连续无故障加氢次数超过 500 次。

压缩机技术装备方面，突破大排量、大压比、低功耗、高可靠性金属隔膜式和往复式压缩机装备，核心零部件实现国产化。能耗低于 1.5 千瓦时/千克，45 兆帕和 90 兆帕往复式压缩机排量分别超过 1600 标准立方米/小时和 500 标准立方米/小时，最低吸入压力小于 4 兆帕，单级压缩平均效率 60% 以上，关键部件实现国产化，成本降低 30% 以上。开发出针对加氢站用压缩机的寿命测试方法，建立相关标准，提高压缩机可靠性，压缩机连续无故障运行时间预期超过 1000 小时。

基础体系方面，形成 35 兆帕/70 兆帕加氢机、压缩机性能评价与检测认证体系，包括可靠性、计量、能耗、加注速率、寿命等重要性能指标。建立加氢站安全监控与评价体系。

2030 年，实现液氢加氢站产业使用，液氢加氢站整站能耗 1.0 千瓦时/千克，加注能力最大可达 5000 千克/天。突破液氢泵在材料、结构、绝热、密封等多方面技术难题，实现液氢泵的产业化和大规模应用，满足液态储氢加氢站低压存储、高压使用的需求。深入研究液氢泵工作机理，改进液氢泵的结构，提高泵的综合机械性能、运行时效及寿命。提高大流量范围内液氢输送的稳定特性，形成液氢泵性能评价体系。

加氢站发展路线如图 4-5 所示。

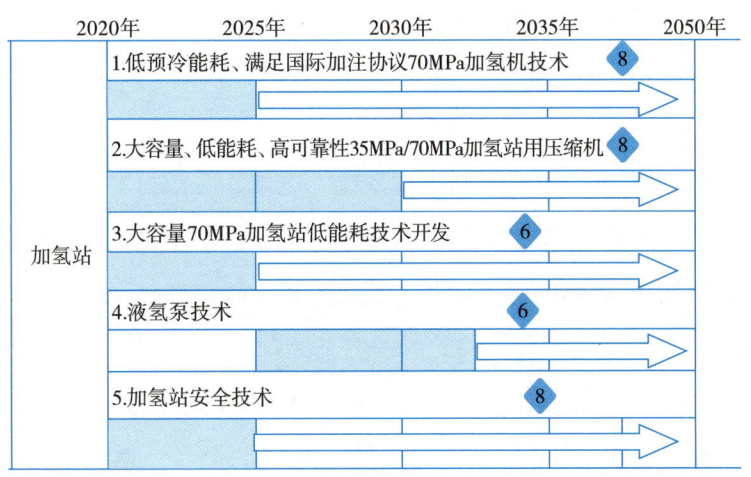

图 4-5 加氢站发展路线

4. 氢能应用技术发展路线及重点任务

（1）车用质子交换膜燃料电池技术

通过关键材料与零部件的技术突破及批量化验证，电堆寿命大幅度提升，成本大幅度下降，实现燃料电池系统和内燃机相当的成本目标；通过进一步提升燃料电池系统额定功率、功率密度、系统效率及环境适应性，燃料电池系统性能完全达到商业化要求，形成包括燃料电池及关键零部件、氢能供应基础设施、公共测试服务在内的完整的技术链和产业链，建设涵盖回收、安全监控、缺陷产品召回管理的政府监管体系，构建世界顶尖完备的燃料电池与燃料电池汽车、燃料电池船舶、无人机等研发和产业体系。

2025 年，车用质子交换膜燃料电池系统推广 5 万套，以中重卡、公交车、物流车等商用车为主，系统效率达到 65%；燃料电池寿命达到 20000 小时；系统功率密度 >0.7 千瓦/升，电堆功率密度 >4 千瓦/升；重点推进关键材料与零部件技术开发，实现空压机、氢气循环泵、DC-DC、膜电极、催化剂、质子交换膜、气体扩散层等核心部件 100% 国产化；车载储氢系统实现 70 兆帕商业化应用，加大碳纤维与瓶口阀核心部件和储氢瓶制备工艺的技术开发。对国产化材料与零部件进行长期持续攻关与性能优化。完成燃料电池在无人机领域的技术示范与安全验证。

建立相关标准，形成燃料电池系统、电堆、关键材料与零部件成套性能评价与检测认证体系，包括可靠性、寿命、功率密度、冷启动能力等重要性能指标。建设涵盖回收、安全监控、缺陷产品召回管理的政府监管平台。

2035年，通过对国产化材料与零部件的长期持续攻关与性能优化，实现国产化核心部件性能与国际一流水平相当，燃料电池系统商业化核心部件国产化率近100%。燃料电池系统效率进一步提高到65%~70%；燃料电池寿命达到30000小时；系统功率密度＞0.85千瓦/升，电堆功率密度＞5千瓦/升；实现燃料电池系统在乘用车领域的商业化推广，完成燃料电池在船舶等非汽车交通领域的技术示范验证与推广。

2050年，燃料电池系统效率提高到70%；电堆功率密度＞9千瓦/升。

（2）固体氧化物燃料电池发电系统

2025年，突破关键材料、核心部件、系统集成、热点管控等关键技术，SOFC热电联供系统的额定功率达到25千瓦，发电效率超过50%，综合效率超过87%，寿命达到30000小时。开展十千瓦级商用热电联供系统的示范，开发完成百千瓦级IGFC系统。

2035年，掌握燃料电池全流程核心关键技术，建立完备的燃料电池材料、部件、电堆和系统的生产线与质量检测标准，形成具有完全自主知识产权的完善的燃料电池产业链，SOFC热电联供系统的额定功率100千瓦~1兆瓦，发电效率达到60%，综合效率达到90%，系统寿命达到50000小时。开展百千瓦级分布式发电系统、热电联供系统的应用，掌握兆瓦级IGFC系统的集成技术，开展示范。

氢能应用发展路线见图4-6。

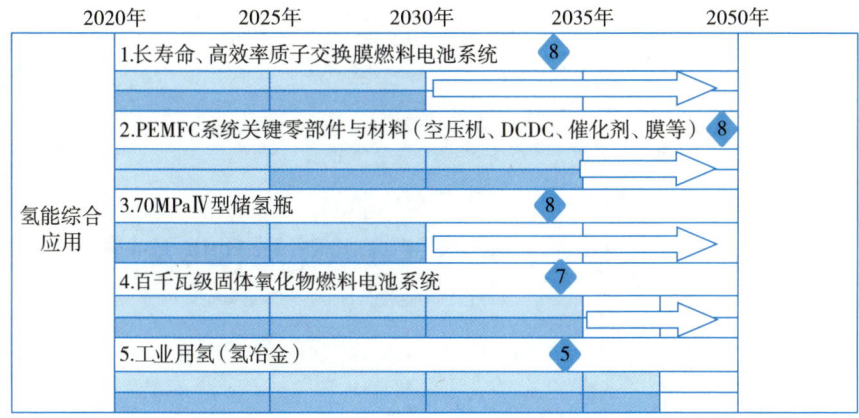

图4-6 氢能应用发展路线

2050年，实现SOFC大规模发电和热电联供的普及应用，SOFC热电联供系统的寿命达到100000小时以上，发电效率超过65%，综合效率达到95%。

三、天然气高效输运利用及技术装备

（一）发展趋势

1. 管道

从天然气管道技术装备发展趋势看，天然气管道建设技术装备主要包括设计技术装备、管道钢及关键材料、管道施工技术装备3个方面。目前国内天然气管道设计技术已经历3代发展，与国外差距逐步缩小，接近国际先进水平。管道钢方面，国内外目前在制管管径、管材钢级应用方面已无差异，国内对X90/100的研究领先国际，但在材料性能控制方面与国外还存在差距。管道施工技术装备与国际先进水平存在差距，集中表现在施工技术装备的机械化、自动化和信息化水平不高，制约施工质量与效率的提高。

天然气管道运行方面，研发了天然气管道离线仿真软件 RealPipe-Gas，SCADA 系统实现国产化，压缩机、关键阀门等装备国产化取得突破性进展，仿真优化软件、部分关键设备依然存在"卡脖子"风险，国产化装备可靠性有待提高。

管道安全技术保障方面，目前国内管道企业已全面开展国际管道行业普遍采用的完整性管理模式，形成了管道本体安全、风险评价与管控、维护维修的技术集群。通过内外检测技术对天然气管道本体进行检测与评价，利用各类安全监测装备对管道周边环境进行实时监测，借助各类维抢修技术装备实现事故管道的迅速修复。总体来说管道完整性管理、内外检测及安全监测技术装备与国外同步，维抢修技术装备存在差距，未来向智能感知、智能封堵抢修技术方向发展。

2. LNG

从未来发展趋势上看，液化天然气（Liquefied Natural Gas，LNG）储运利用技术装备主要包括 LNG 运输船和 LNG 罐箱，与日韩等国家相比，我国 LNG 运输船船容和建造技术达到国际主流水平，但缺乏自主知识产权的液货围护系统。我国自主研发的 LNG 罐式集装箱已在北美地区应用，LNG"一罐到底"的运输模式在国内具有较大的发展空间和应用前景。

浮式 LNG 生产储卸装置包括浮式天然气液化装置（FLNG）和浮式储存及再气化装置（FSRU），国内尚无 FLNG 工程设计、建设经验，发展趋势主要是大型化。目前世界上运行的 FSRU 有 21 艘，另有 12 艘在建设中。国内虽然尚无自行设计制造的 FSRU，但是部分船厂能够承接 FSRU 的制造，主要发展趋势是 FSRU 的模块化和系列化。

LNG 电能同输技术：超导能源管道是电力采用超导电缆输送，而液化天然气作为高温超导电缆的冷却工质，使得天然气输送和电力输送"同路"进行。目前处于理论研究阶段，技术瓶颈是高温临界超导材料的研发。目前高温超导线材钇钡铜氧临界温度 93K 已超过液氮温度 77K，若温度能进一步提高到 110K（LNG 温度），则可实现输电与输送 LNG 同时进行。该技术将是未来超导输电技术的发展趋势，成为实现规模化"西电东送、西气东输"的潜在技术手段。

我国最早于 2011 年攻克大容积 LNG 储罐技术难关，并成功在江苏 LNG 接收站项目上得到工程应用，目前预应力混凝土全容罐总体达到国际领先水平，双金属壁全容罐实现了国际上应用规模的突破，单容罐国内自有技术总体达到了国际先进水平。但我国薄膜技术尚在起步阶段，因此必须把研发新型薄膜，形成自主专有知识产权放在首位，需要进行重点技术攻关与突破。

LNG 冷能是一种高品位低温能源，国外在冷能用于低温发电、低温冷库及空分等领域达到工业化应用。国内开发了冷能空分等技术，但缺乏多样化、规模化的综合利用，同时由于 LNG 接收站与用冷单位操作运行存在时间和空间不同步等问题，总体上 LNG 冷能利用水平还有待提高。

LNG 接收站智能化：国外壳牌、美孚和千代田等公司都在致力建设未来智能 LNG 工厂，国内 LNG 接收站已经能够成熟地实现生产的规模化与控制的自动化，但 LNG 接收站在新一代信息化、智能化技术应用方面基础薄弱，目前还处于数字化建设阶段，智能化技术刚刚起步，还没有智能化相关规范和标准，关键技术与国外存在较大差距。

3. 其他高效输运方式

在天然气其他高效输运利用技术装备方面，主要有水合物法输运、FCNG 输运和混氢输运。天然气水合物法输运是以固态的形式输运天然气，涉及水合物的生产、储运及气化利用等环节，目前水合物制备工艺和技术装备均不成熟，国内处于室内试验阶段，日本有世界上唯一的 5 吨/天的集生产、运输及气化利用于一体的中试系统，但是目前并没有进一步推广。由于天然气水合物输送具有存储效率高、安全性好、经济性好等诸多优点，未来在伴生气回收、深海气田开发和水合物矿藏试采等领域有很好的发展空间，研究的重心仍在水合物的快速制备技术及其装置方向。

目前 CNG 技术在陆上比较成熟，应用较多，FCNG 国外有比较成熟的舱型技术，国内已经完成了商业 FCNG 船舶的生成，预处理、压缩及装卸技术与国外相当，但是储运船舶核心舱技术存在差距，国内尚没有成熟的 FCNG 核心舱技术。

混氢输运方面，国内外对天然气混氢输送均已开展了不少项目研究，主要涵盖了管材、安全性以及管道运行方面。截至 2019 年初，IEA 数据显示，各国有 37 个示范项目正在研究在天然气网络中掺氢，国内仅有 1 个（朝阳可再生能源掺氢示范项目第一阶段工程）。未来氢能源发展前景广阔，对混氢输送有强烈需求，技术上未来需加强对不同掺氢比条件下的混氢输送规律研究。

（二）发展目标

天然气输运利用技术装备全面实现国产化，形成装备自主设计、制造和成套能力，关键部件和原材料实现自主知识产权和全面自主供应，突破"卡脖子"技术封锁，借助新兴技术赋能技术装备发展，逐步实现数字化、信息化、智能化，关键技术装备达到国际领先水平，并培育形成国际市场竞争力。技术装备的创新发展为天然气高效输运利用、与可再生能源融合互补、提升能源安全和公共安全水平提供支撑和保障。

1. 2025 年发展目标

天然气管道输运核心技术装备国产化率达到 100%，基本消除"卡脖子"风险，初步建成天然气智慧管网。天然气管道建设技术装备自动化、模块化、智能化及质量显著提升，大型复杂天然气管网仿真优化技术取得突破，能源供应可靠性及能耗控制水平进一步提升；在役管道形成全方位感知能力，完整性管理及配套支持技术不断完善，形成完善的本质安全保障技术支撑体系；国产化 SCADA 系统、压缩机组、大口径阀门等关键技术装备性能指标不断提升并实现全面推广应用，新建管道应用率达到 100%，工控系统芯片、操作系统、数据库等逐步实现国产化替代，天然气管网初步实现智能辅助决策，具备综合性预判能力。

LNG 输运核心技术装备国产化率达到 100%，形成健全的产业体系。薄膜罐设计建造技术及 LNG 罐箱技术取得突破，实现工业化推广和应用；形成冷能发电、轻烃分离等冷能利用技术，进一步提升冷能高效利用水平；开发大型 LNG 储罐和罐群的智能化监测和运维管理系统，形成完善的 LNG 接收站数字化协同设计技术和交付技术、可视化应用技术、安全应急一体化管控技术和能源管理智能化技术。

天然气其他输运技术装备取得重大突破。攻克海上天然气压缩和储存装置等的 FCNG 装置关键工艺技术瓶颈，实现 FCNG 压缩机、高压钢瓶、高压钢管等关键装备国产化；天然气管道混氢输送技术装备取得重大突破，初步实现工业化应用。

2. 2030 年发展目标

天然气管道输运技术装备自动化、智能化水平实现质的提升，整体达到世界先进水平，关键技术装备达到世界领先水平。天然气管道建设技术装备实现全系列化，管道站场预制化率达到 80%，施工效率和施工质量进一步提升；非金属管道等颠覆性技术取得突破性进展，实现工业化应用，引领世界天然气管道技术装备进步；国产化天然气管道技术设备持续升级并形成系列产品，实现全面国产化替代；构建全方位感知、综合性预判、一体化管控、自适应优化的智慧互联大管网，形成完备的天然气管道输送安全保障技术装备支撑体系，天然气管道本质安全水平显著提升。

LNG 输运技术装备配套能力显著提升。开发新型高效保冷材料、不锈钢薄膜设计加工制造等技术，实现大容积 LNG 储罐建设所需设备、部件、材料的全部国产化；FSRU 高效再气化技术设备以及 FLNG 冷剂压缩机和燃气轮机驱动机实现国产化；形成具有知识产权的薄膜罐、重力基座式（GBS）LNG 储罐设计建造及其配套技术，实现大容积 LNG 储罐设计建造技术多样化，达到国际先进水平；突破冷能梯级利用技术，发展利用 LNG 冷能的分布式冷热电联供系统，研究开发蓄冷技术，提高冷能利用效率。

天然气其他输运技术装备实现工业化应用。完成水合物输运利用技术整体小规模化应用，并在局部技术上实现工业化推广；FCNG 装置关键设备逐渐成熟，形成完善的 FCNG 装置风险评估与安全分析技术；建立不同掺氢天然气对我国现有天然气管道使用管材的性能影响数据分析库，天然气管道实现常态化混氢输送。

3. 2050 年发展目标

天然气管道输运技术装备全面实现智能化，实现与能源互联网的融合发展，整体达到世界领先水平。建立管道实时数字孪生体，天然气管网大数据得到有效挖掘及应用，天然气管网与能源互联网实现有机融合，为可再生能源消纳和智慧能源建设提供技术装备支撑。

LNG 输送利用技术装备全面实现智能化，整体达到世界先进水平。建成新型液货围护系统的技术体系以及完善的 LNG 输送利用技术的产业体系；薄膜罐设计建造技术达到国际先进水平，具备较强竞争力；形成 LNG 冷能集成利用成套技术，实现 LNG 冷能与多个产业链深度融合，LNG 冷能利用技术及装备达到国际先进水平；实现超导直流能源管道样机的系统集成，掌握在线监测、运行控制和故障诊断等关键技术，并进行可行性验证；LNG 接收站全面实现智能化，并与智慧管网、智慧储气库联合运行。

天然气其他输运技术装备形成完善的产业化体系。实现水合物输运利用技术的全面工程化应用；完善 FCNG 装置的核心技术和关键设备的上下游产业体系以及安全分析技术，并进行工业化应用；建立完备的掺氢天然气管道设计与管理规范，实现掺氢天然气管道大规模、智能化输送。

（三）重点任务

1. 管道

近期（2020—2025 年），天然气管道输运技术装备全面实现国产化。开展焊接材料、仿真软件、燃气轮机核心零部件等材料装备及软件国产化研发，围绕国产装备性能指标提升持续开展攻关，推动全自动焊、SCADA 系统、压缩机组、大口径阀门等技术装备规模化推广应用，天然气管道核心技术装备实现自主可控；研发管道数字孪生体构建、管网全方位感知、数据挖掘利用和管网智能综合决策等关键技术，为天然气智慧管网建设运行提供技术装备支撑；攻克天然气管道本质安全保障与失效控制关键技术难题，提升国家天然气管网设施安全可控能力，确保高效运行保障能力。

中期（2025—2035 年），持续推进天然气管道输运关键技术装备升级发展，逐步实现自动化、智能化，整体达到世界先进水平。充分应用各类智能感知设备，建立天然气管道的工业互联网平台，实现管道安全的智能化监测，同时利用工业互联网大数据，实现结构化重建、关联分析、领域建模、规律发现和智能决策。

远期（2035—2050 年），天然气管道输运技术装备全面实现智能化，整体达到世界领先水平。开展天然气管网与能源互联网融合技术研究，天然气管道数字孪生体与物理管道实现实时同步，天然气管道技术装备技术水平、产业规模进入国际前列。

天然气管道技术发展路线见图 4-7。

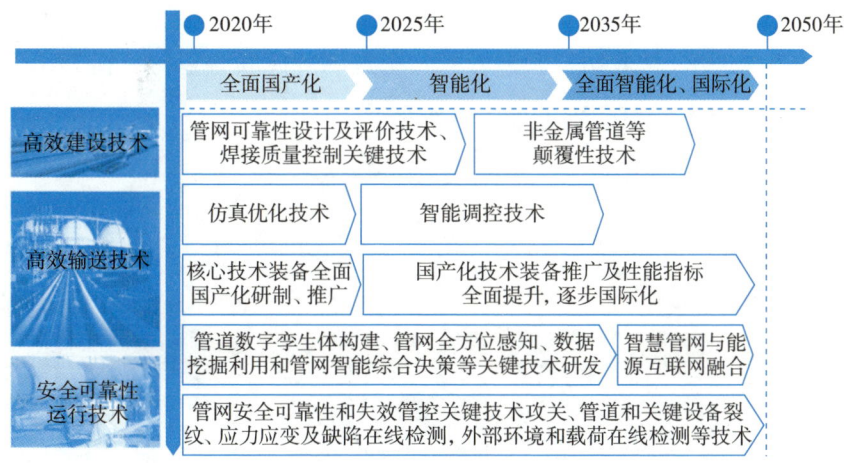

图 4-7 天然气管道技术发展路线

2. LNG

近期（2020—2025 年），重点研究 LNG 罐箱技术，重点研究保障罐箱本身安全性的技术，提出符合混合冷却工质的新型超导能源管道结构，解决浮式 LNG 装置的关键工艺技术问题，研究超大容积大跨度 LNG 全容罐设计及建造技术，研究发电、化工、民用等领域 LNG 冷能单项利用技术，实现工业应用，形成支撑数字化和智能化 LNG 站场建设及运行的关键技术。

中期（2025—2035 年），研发具有自主知识产权的液货围护系统，进行 LNG 与电能混合输送的小试可行性实验，在完成浮式 LNG 装置设计的基础上，进行样机制造，开发地下薄膜罐、重力基座式 LNG 储罐设计和建造技术，开发 LNG 冷能梯级利用技术，实现 LNG 冷能综合利用，对 LNG 接收站的先进控制与闭环实时优化、数字孪生体形成技术进行研究。

远期（2035—2050 年），建设新型液货围护系统的技术体系，进行 LNG 与电能混合输送长距离中试实验，研究浮式 LNG 装置智慧化、智能化的整体解决方案，进行工程化推广，建造重力基座式 LNG 储罐，开发 LNG 冷能集成利用技术，实现 LNG 冷能与多个产业链深度融合，实现智能 LNG 接收站、智慧管网、智慧储气库联合运行，在 LNG 输运利用技术装备领域达到世界先进水平。

LNG 输送利用技术发展路线见图 4-8。

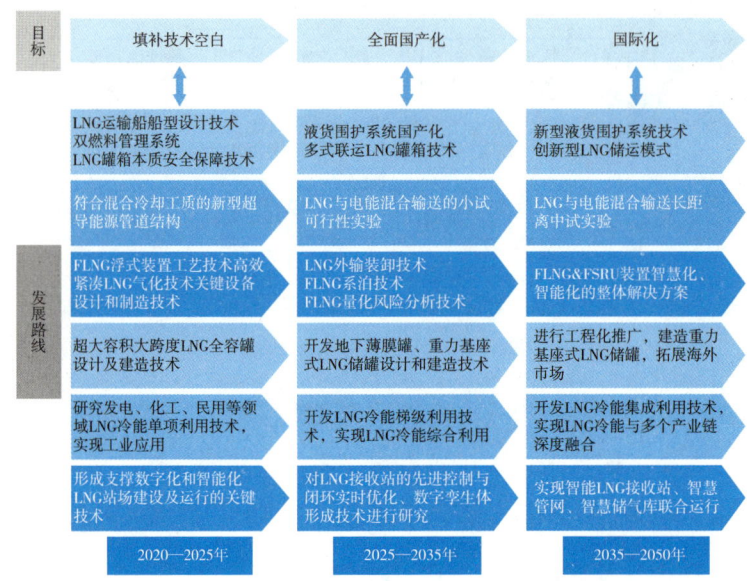

图 4-8　LNG 输送利用技术发展路线

3. 其他方式

近期（2020—2025 年），实现水合物快速形成技术方案的开发，综合反应速率、生产量、可靠性、制造成本及维护运行成本等因素，针对水合物反应器建立全面的评价机制；建立规模性的水合物法天然气存储基地和存储网点。FCNG/CNG 利用技术装备方面，解决 FCNG 装置的关键工艺技术问题，主要针对 FCNG 的压缩规模，研发适用于海洋工况，且便于模块化的工艺技术。工艺技术的开发主要采用模拟计算，在计算过程中引入海洋晃动参数，对工艺性能进行复核与优化调整。与此同时，开展 FCNG 装置模块化设计，完成模块划分与布置基础方案。工艺方案和关键参数确定后，联合国内相关制造厂开展压缩机、高压钢瓶、高压钢管等关键设备的设计研发工作。在天然气混氢输送利用技术装备方面，完成掺氢比例对我国掺氢天然气管道系统的定量研究，开发掺氢天然气输送项目，制定针对我国天然气组分的掺氢比例标准。

中期（2025—2035年），完成水合物输运利用技术整体小规模化应用，并在局部技术上实现工业化推广，对前期开发出的水合物反应器进行性能优化，使其反应速率、生产量提高2～5倍，同时将制造成本及维护运行成本降低至原有值的50%。FCNG/CNG利用技术装备方面，继续FCNG装置的关键设备研发工作，在完成设计的基础上，进行样机制造，以及相关经济和技术方面的分析，或应用于相关的项目。同时根据关键设备反馈的信息，进一步调整模块化的设计与布置。此外，在此基础上，开展FCNG装置的风险评估与安全分析工作。天然气混氢输送利用技术装备方面，完成掺氢天然气对我国使用的天然气管道材料影响进行定量研究，制定不同掺氢比例下的管材数据分析库，提供不同掺氢比例下适用的管材标准。

远期（2035—2050年），实现水合物输运利用技术的全面工程化应用。进一步对前期开发出的水合物反应器进行性能优化，使其反应速率、生产量提高5～10倍，同时将制造成本及维护运行成本降低至原有值的25%。FCNG/CNG利用技术装备方面，完善FCNG装置的核心技术和关键设备的上下游产业体系，以及针对具体的项目应用，完善相关的经济技术分析技术、安全分析技术，并展开研究智慧化、智能化的整体解决方案。天然气混氢输送利用技术装备方面，完成我国掺氢天然气管道设计与管理规范，出台相应的安全、环保政策，结合新兴技术，研究出一套适用我国掺氢天然气管道的智能化管理系统。

发展路线见图4-9。

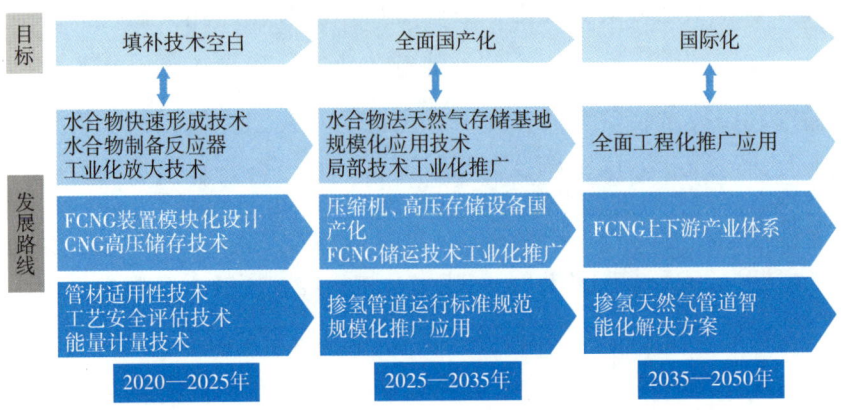

图4-9 天然气其他高效输运利用技术装备发展路线

四、热力生产输送和利用技术装备

（一）发展趋势

在能源转型及清洁供热的新时代背景下，我国城镇集中供热系统呈现出如下发展趋势：在热源供给侧具有更多元化的选择，清洁燃煤热电联产的基础性地位在相当长的时间内不会改变，同时，因地制宜地推进"煤改气"，大力推进工业过程余热供热、生活垃圾及生物质能供热，并积极探索风能、太阳能、地热、核电供热等新技术，这些多元化的热源形式内在需要通过多源或多能互补技术实现供热系统的动态能量平衡和集成优化；在热网输配侧，长距离输热技术不断取得突破，同时热网进一步向互联、互通结构发展以提升供热可靠性，增加调度灵活性，并包容波动性低碳清洁热源接入；在负荷需求侧，热计量提升了负荷侧的自动化水平，室温测量等物联网技术为按需精准供热提供了基础条件，分布式综合能源的发展带来了更多灵活选择，需求侧响应技术也处于探索之中；此外，还正在积极探索大规模储热技术，以实现热负荷的"削峰填谷"并支撑热电解耦。总体上看，互联互通为实现更大地域范围内的资源整合提供了可能，热电气多能流之间协同优化的要求不断提高，"源—网—荷—储"全过程的动态性和复杂性显著增强，这些新趋势给城镇供热系统的全局统筹和动态调控能力提出了重大挑战。

(二) 发展目标

1. 绿色供热体系构建

为应对气候变化，实现减碳目标，我国积极发展清洁能源供热技术，大力推动绿色供热体系建设。各级政府和相关企业积极推动建筑节能改造，实现五步节能，建设被动式建筑及低能耗建筑；更新改造现有供热装备设施，提高可再生能源供热比例。现阶段我国绿色供热体系建设技术主要包括：被动式超低能耗绿色建筑技术、第五代供热技术及智慧供热技术。

2. 绿色供热体系目标

2004—2019 年，国家制定了许多有关清洁供热的规划和政策，提出了多个阶段性目标（见表 4-3）。

表 4-3 2004—2019 年国家有关清洁供热的主要政策

时间	清洁供热政策	相关部门（地方政府）
2004 年 5 月 1 日	《节能中长期专项规划》	国家发展改革委
2016 年 5 月 16 日	《关于推进电能替代的指导意见》	国家发展改革委、国家能源局、财政局、生态环境部、住房和城乡建设部、工业和信息化部、交通运输部、民航局
2016 年 6 月 21 日	《关于推动东北地区电力协调发展的实施意见》	国家能源局
2016 年 6 月 21 日	《京津冀及周边地区 2017 年大气污染防治工作方案》	生态环境部、国家发展改革委、财政部、国家能源局、北京市、天津市、河北、山西、山东、河南
2017 年 4 月 18 日	《关于征求对〈关于促进可再生能源供热的意见〉的函》	国家能源局综合司
2017 年 5 月 16 日	《关于开展中央财政支持北方地区冬季清洁取暖试点工作的通知》	财政部、住房和城乡建设部、环保司、国家能源局

续表

时间	清洁供热政策	相关部门（地方政府）
2017年6月6日	《北方地区可再生能源清洁取暖实施方案编制大纲》	国家能源局综合司
2017年6月23日	《加快推进天然气利用的意见》	国家发展改革委、科技部、工业和信息化部、财政部、国土资源部、生态环境部、住房和城乡建设部、交通运输部、商务部、国务院国资委、税务局、质检总局、国家能源局
2017年8月4日	《关于开展生物质热电联产县城清洁供热示范项目建设的通知》	国家能源局综合司
2017年8月18日	《京津冀及周边地区2017—2018年秋冬季大气污染综合治理攻坚行动方案》	生态环境部、国家发展改革委、工业和信息化部、公安部、财政部、住房和城乡建设部、交通运输部、工商总局、质检总局、国家能源局、北京、天津、河北、山西、山东、河南
2017年9月6日	《关于推进北方采暖地区城镇清洁供热的指导意见》	住房和城乡建设部、国家发展改革委、财政部、国家能源局
2017年9月22日	《关于促进储能技术与产业发展的指导意见》	国家发展改革委、财政部、科技部、工业和信息化部、国家能源局
2017年12月4日	《关于做好2017—2018年采暖季清洁供热工作的通知》	国家能源局综合司
2017年12月5日	《北方地区冬季清洁取暖规划（2017—2021）》	国家发展改革委、国家能源局、财政部、生态环境部、住房和城乡建设部、国务院国资委、质检总局、银监会、证监会、军委后勤保障部
2017年12月5日	《北方重点地区冬季清洁取暖"煤改气"气源保障总体方案》	国家发展改革委、国家能源局、财政部、生态环境部、住房和城乡建设部、国务院国资委、质检总局、银监会、证监会、军委后勤保障部
2018年1月19日	《关于开展"百个城镇"生物质热电联产县域清洁供热示范项目建设的通知》	国家能源局

续表

时间	清洁供热政策	相关部门（地方政府）
2018年6月16日	《关于全面加强生态环境保护 坚决打好污染防治攻坚战的意见》	中共中央、国务院
2018年6月27日	《打赢蓝天保卫战三年行动计划》	国务院
2018年7月23日	《关于扩大中央财政支持北方地区冬季清洁取暖城市试点的通知》	财政部、住房和城乡建设部、生态环境部、国家能源局
2018年10月26日	《中华人民共和国节约能源法》	第十三届全国人民代表大会常务委员会
2018年10月26日	《中华人民共和国循环经济促进法》	第十三届全国人民代表大会常务委员会
2018年11月23日	《关于做好2018—2019年采暖季清洁供暖工作的通知》	国家能源局
2019年3月15日	《绿色产业指导目录（2019年版）》	国家发展改革委
2019年7月5日	《2019年度大气污染防治资金预算的通知》	财政部
2019年7月5日	《关于解决"煤改气""煤改电"等清洁供暖推进过程中有关问题的通知》	国家能源局综合司
2019年12月19日	《关于促进生物天然气产业化发展的指导意见》	国家发展改革委、国家能源局、财政部、自然资源部、生态环境部、住房和城乡建设部、农业农村部、应急管理部、中国人民银行、税务局

在这些政策和规划中提出了一系列清洁供热目标，主要以2021年为界，可分为：

（1）清洁化率的目标规划

到2021年，北方地区清洁取暖率总体达到70%，替代散烧煤（含低效小锅炉用煤）1.5亿吨。其中，"2＋26"重点城市城区全部实现清洁取暖，35蒸吨以下燃煤锅炉全部拆除；县城和城乡接合部清洁取暖率在80%以上，20蒸吨以下燃煤锅炉全部拆除；农村地区清洁取暖率在60%以上。另外，北方地区供热系统平均综合能耗降低至15千克标准煤/平方米以下,北方城镇地区既有节能居住建筑占比达到80%。在其他地区,城市城区清洁取暖率在80%以上,20蒸吨以下燃煤锅炉全部拆除,新建建筑全部实现清洁取暖;县城和城乡接合部清洁取暖率在70%以上,10蒸吨以下燃煤锅炉全部拆除;农村地区清洁取暖率在40%以上。

(2)供热面积的发展目标

按供热方式分,到2021年,我国清洁供热的主要政策目标如表4-4所示。

表4-4 国家有关清洁供热的主要政策目标

清洁供热方式	面积(亿平方米)
地热能供热	10
生物质能供热	21
太阳能清洁供热	0.5
"2+26"城市天然气供热	18
电供热(含热泵)	15
工业余热(不含电厂余热)	2
清洁燃煤集中供热	110
清洁供热总面积	176.5

(3)节能减排的目标

无论是大力推动可再生能源供热,还是改造现有供热设备,提升供热效率,都是为了供热行业的节能减排。我国国家相关政策中只是规定我国供热行业短期的节能减排目标,但是在最近提出的"中国清洁供热2025"模式中,预测了我国未来十几年供热行业的节能减排目标。

2019年9月19日下午,IEA-DHC执行委员会召开"中国清洁供热2025"专题研讨会,指出未来中国北方城镇200亿平方米供热面积中80%采用"中国清洁供热2025"模式,相比常规清洁供热方案,将会节能50%,折合约1亿吨标准煤,减少二氧化碳排放量2.5亿吨,供热的大气污染物排放降低80%,在经济性方面,该模式的综合供热成本仅与燃煤锅炉相当。

3. 绿色供暖发展目标预测

对我国绿色供暖行业发展的五个主要指标（集中供热面积、清洁取暖占比、单位面积耗热量、单位面积碳排放量、污染物排放量）进行目标预测，以2025年、2035年、2050年为界，分为近期、中期和远期（见表4-5）。

表4-5 我国未来绿色供暖体系

年份	集中供热面积（亿平方米）	清洁取暖占比（%）	单位面积耗热量（吉焦/平方米）	单位面积碳排放量（吨/平方米）	污染物排放量（万吨）
2025年	120	90	0.33	0.055	131
2035年	160	100	0.275	0.032	107
2050年	200	100	0.25	0.028	72

（三）重点任务

随着我国清洁能源供热技术的快速发展，我国热力产业将形成以现有电厂和工业余热供热为主、其他可再生能源供热为辅的供热体系。针对这种供热体系，仍有许多重大技术问题需要攻关。

1. 深入发展原有技术

（1）汽轮机相关技术

目前热电联产仍然是我国供热的主要方式。通常热电联产是通过采取抽凝汽式汽轮机和背压式汽轮机两种方式实现，受我国"多煤、少油、缺气"的能源结构影响，我国热电厂以大型燃煤热电厂为主，兼顾非供暖季发电，因而我国汽轮机基本上都是抽气供热方式。

抽凝机组在供热过程中总会有一部分乏汽通过冷却塔排掉而没有得到利用，该乏汽余热一般占供热量的30%~50%。回收这部分热量对于北方城镇供热的节能减排具有重要意义。我国现阶段乏汽余热回收供热技术主要分为两大类：一种是通过直接换热的方式回收乏汽余热；另一种是通过热泵的方式提取乏汽余热。其中，通过直接换热方式回收乏汽余热的代表技术有"低压缸转子光轴改造技术""切除低压缸供热技术""双背压双转子互换技术"（简称"换转子改造"）。

我国仍存在大量汽轮机乏汽余热尚未得到利用的问题，发展潜力巨大，并且这一余热利用成本非常低，进一步的余热挖潜将是我国未来重大技术攻关方向之一。

（2）锅炉相关技术

锅炉作为热电厂重要的组成部分之一，其相关技术深深影响着我国供热行业的发展。我国热电厂采用的锅炉主要分为两种：燃煤锅炉和燃气锅炉。其中，燃煤锅炉的关键技术开发方向是低负荷稳燃技术及宽负荷烟气综合处理技术，燃气锅炉的关键技术开发方向为冷热电三联供技术。

①燃煤锅炉低负荷稳燃技术

在调峰过程中，机组处于低负荷运行状态，会出现诸多问题，其中，最主要的就是锅炉低负荷稳燃的问题。锅炉处于低负荷运行状态下，送入炉膛的煤粉量减少，一次风量也随之减少，风温也会下降，炉膛温度降低，煤粉气流着火所需的热量大幅升高。解决低负荷状态下锅炉燃烧不稳定的问题可以从提高一次风气流煤粉浓度、提高煤粉气流初温、提高煤粉颗粒细度等几方面考虑。

我国主要采用的低负荷稳燃技术为：微油点火技术、卫燃带稳燃技术、钝体燃烧器稳燃技术、船型燃烧器稳燃技术、大差速燃烧器稳燃技术、浓淡分离燃烧技术等。目前，燃煤机组灵活性改造正在全面推进中，低负荷稳燃技术将会更加重要，需要有更大的发展。

②燃煤锅炉宽负荷烟气综合处理技术

针对省煤器出口烟温低，在提高烟气处理系统入口烟温方面，我国已经实现了多种宽负荷烟气处理技术。

③燃气锅炉冷热电三联供技术

冷热电三联供系统利用燃气轮机或燃气内燃机燃烧洁净的天然气进行发电，对发电做功后的余热进一步回收，用来制冷、供暖和供应生活热水。这是一种高效、节能、环保的新型能源利用方案，被确认为能源将来的发展方向。

作为大电网、大机组、大系统的重要补充，冷热电联产系统有巨大的优越性，特别在冷热电负荷较为集中的区域，有广阔的发展空间和节能效益。

（3）核能供热技术

近年来，随着天然气等清洁能源价格的上涨，以及环保压力的增大，核能成为世界三大能源支柱之一，利用核能进行供热备受世界各国关注。

核电站一般分为两部分：利用原子核裂变生产热量的核岛（一回路）和利用热量发电的常规岛（二回路）。现阶段，核能供热主要有两种方式：一是利用核电厂的余热供热，即核电热电联产；二是采用低温核反应堆的形式直接供热，即核小堆供热技术。

①核电热电联产技术

核电热电联产是在核电厂供电的基础上实现供热，进而提高核电厂热能的综合利用效率。在一些欧洲国家已有利用核能进行集中供热的成功案例，积累了丰富的运行经验，我国的核电热电联产技术才刚刚起步，还有许多问题需要解决。其中最主要的三个问题为：核电机组供热安全性的保障；长距离输送高温水会产生很大的热损失；调峰问题。其中关于核电机组安全性容易存在的问题主要有三个方面：热网循环水回路反应性控制的影响；堆芯冷却的影响；放射性包容的影响。

核电热电联产系统中热网水的加热方式主要分为两种：常规抽汽加

热和吸收式热泵加热。二者都存在长距离输送热损失的问题。其中吸收式换热方案能源利用率远高于抽汽加热方案，但是改造初投资较高，改造难度大，对于已建成的核电机组不容易实现。

调峰措施一直是核电站运行的难题。目前我国多数核电站都是采用启停的方式进行调峰，长时间关停一座或几座核电机组实现调峰。这种调峰技术不仅成本高，还容易影响核电站的安全性。

②核小堆供热技术

截至 2017 年底，国际上已建有 200 多座用于研究和供热的泳池式反应堆，累计安全运行 10000 堆年。我国从 1981 年提出低温核供热堆倡议开始，经过 30 多年的研究，已掌握了能够工程化应用的核能供热技术，可简单分为壳式堆和池式堆（低温核能供热）两类。在壳式堆供热方面，清华大学针对大型热网提出了一体化、微沸腾、自然循环壳式堆作为大中型供热堆，其供热温度可达 150℃。池式堆与高温高压的压力壳式堆相比，主要优点是在常压低温下运行，具有固有安全性、可靠性高、技术成熟、系统简单、运行稳定、占地面积小等优点，更适合靠近城市居民区，尤其是池式堆省去压力容器、安全壳等，建造成本更低，运行维护简便。无论是壳式堆还是池式堆都具有四大基本特征：安全性、厂址适用性、与热网适配性、经济性。

相较于核电热电联产技术，核小堆供热堆芯容量小，对水文、地质、人口密度等要求没有大型核电站苛刻。核小堆供热由于也是核能供热，核安全性也是其焦点之一。合理做好老百姓的沟通工作，打消民众的心理障碍，对推广核小堆供热至关重要。

2. 积极探索新兴技术

（1）智慧供热技术

智慧供热是以信息化、数字化、网络化、自动化、智能化的信息技术设施为基础，以用户为目标，以低碳、舒适、高效为主要特征，以透彻感知、广泛互联、深度智能为技术特点的现代供热方式。在实现供热智能化的过程中，信息化和数字化是前提、网络化是路径、自动化和智能化是手段、智慧化是目标。在信息化和数字化基础上实现供热感知；在网络化基础上实现供热设备互联；在自动化和智能化基础上实现智慧供热，实现用户舒适满意、系统安全可靠、能源利用高效、低碳清洁经济的总体目标。

供热企业的自动化及信息化系统经历了长期的建设历程，为智能热网实施奠定了基础，并有多种应用系统实施，如热网自动化系统、能源管理系统、指挥调度系统、应急指挥系统、设备管理系统、在线模拟仿真系统、GIS（地理信息系统）、热计量及收费系统、客服系统、财务系统、人事管理系统、办公自动化系统等。随着应用系统规模的不断扩大，逐渐出现了一些集成带来的系统性难题，主要表现在基础建设缺乏统筹规划、数据共享差、应用局限性大等三个方面。

供热行业实现由热网自动化、信息化向智能化、智慧化的升级，必须解决基础建设、数据共享、业务应用方面的问题，必须在现有基础上，实现资源融合、数据融合和业务融合。智慧供热的实现，涉及智慧供热的总体技术架构、智慧供热的物联感知技术、智慧供热的数据分析技术、智慧供热的科学决策技术及智慧供热的智能调控技术。智慧热网系统推荐架构见图4-10。

随着经济的发展与国民生活水平的提高，单一化的供热技术路线难以满足多样化、个性化的供热需求，随着清洁供热概念的提出，多能互补（包括可再生能源）的技术路线得到广泛认同，其中的核心问题是如何做到统筹兼顾，实现清洁供热。智慧供热技术恰在这一背景中诞生，通过物联感知将状态数据实时传输到平台层进行分析，优先发挥可再生能源的动态供热能力，基于供热系统各要素的链接，对"源—网—荷—储"全过程进行统筹协调，实现热源高效转化、热网高效传输、热

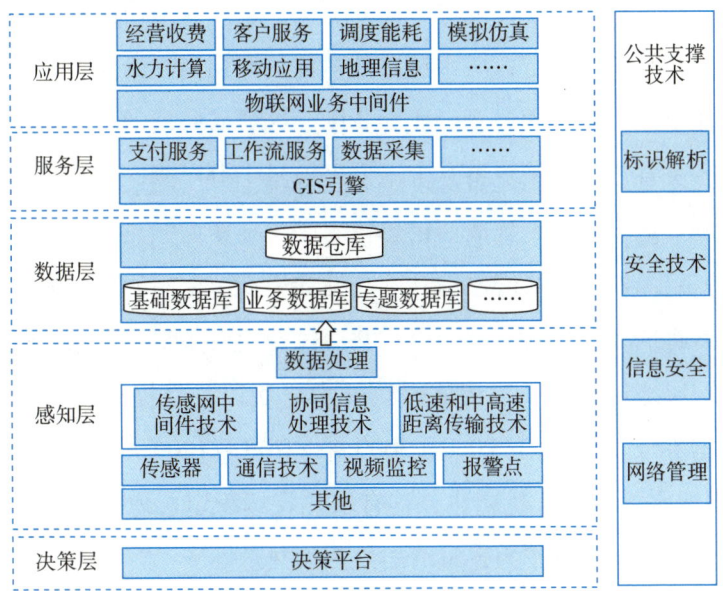

图 4-10 智慧热网系统推荐架构

力站经济运行、建筑节能用热,从而成为支撑清洁供热的核心技术途径。

(2) 风—光—储供热技术

风—光—储供热技术一般分为两种基本形式:一是将风电、光伏发电调峰电量储存于蓄电池组,根据用户需求利用风电、光伏发电及蓄电池组多能互补的形式驱动电热锅炉,保证热量平稳输出,并通过供热管网将热量输送到用户侧;二是利用风电、光伏发电调峰电量驱动电热锅炉,或者利用太阳能集热器将太阳能转化为热能,通过熔盐、水、固体蓄热材料等介质进行热能存储,根据用户需求通过供热管网直接输送到用户侧。

(3) 中深层地热能无干扰清洁供热技术

随着地热能供热技术的发展,近年来,在地热能的利用中,浅层地热能开发具有一定的局限性,中深层地热能的开发应用得到了更多的重视。由于初投资、调节性能等方面的劣势,以及对地质条件的依赖、对周边环境影响的不确定,对中深层地热能的利用尚处于起步阶段。中深层地热能供热关键技术研发已成为我国一些科研院所的研究热点,加上国家和有关省市的政策支持,未来发展前景十分广阔。

中深层地热能无干扰清洁供热技术是一项新型供热技术,通过钻机向地下一定深处的干热岩层钻孔,在钻孔中安装密闭的金属换热器,通过换热器将地下深处的热能导出,并通过专用设备系统向地面建筑物供热。中深层地热能无干扰清洁供热技术之所以一经提出便备受大家关注,关键在于其对地下 2000~3000 米、70℃~120℃ 的中深层地热能"取热不取水"的无干扰换热,具有取热持续稳定、地温恢复快、环境影响低的特点,适宜作为建筑清洁供热的热源。

该技术比传统浅层地热能热泵技术节能 30% 以上,具有很好的经济效益和社会效益,适宜部分地区作为清洁供热方式推广应用。

(4) 生物质锅炉供热

我国地域辽阔,南北气候差异明显。因而,农作物的种植具有比较明显的地域特性。我国可利用的农作物生物质燃料主要包括水稻秸秆、稻壳、大豆秸秆、玉米秸秆、花生秸秆、小麦秸秆、甘蔗秸秆、薯藤等。作为农林业生产大国,我国的生物质资源相当丰富,能源化利用潜力很大。据统计,全国可利用的农作物秸秆及农产品加工剩余物、林业剩余物和生活垃圾与有机废弃物等生物质资源总量每年约 4.6 亿吨标准煤,目前已利用量仅为 2200 万吨标准煤左右,具有很大的发展前景。

相比发达国家,我国生物质能的商业化应用虽然起步较晚,但是近年来,随着能源革命和保障美丽乡村建设等全国重大战略的实施,我国生物质能开发利用技术取得了飞速发展,应用成本飞速下降。生物质能供热是生物质利用的一个重要途径,目前相关技术已经发展得比较成熟,按照利用方式的不同可分为三种:直接燃烧、物化转化和生化转化。其中，现阶段应用较广的生物质供热技术主要为生物质固体成型燃料燃烧供热、沼气燃烧供热和生物质热电联产供热。

生物质固体成型燃料燃烧就是将生物质压缩成密度大的性能接近煤的成型燃料，直接作为工业锅炉等锅炉的燃料。生物质固体成型燃料燃烧供热技术相对简单，易于在农村等废弃物较多的地区推广也易于市场化，但生物质原材料储运相对困难，此外，虽然燃烧生物质固体燃料不像其他清洁供热技术那样需要一定的初期投入，它可以继续使用已有的设备进行燃烧，但是生物质固体燃料热值相对较低，价格相对较高，污染较为严重，这对于供热系统的长期运营也是一个障碍。

当前，国内比较领先的对于生物质的利用模式就是生物质热电联产技术。生物质热电联产是一个综合的能源系统，系统形式和组成取决于生物质燃料类型和末端用户的需求。生物质原料的燃料特性差别很大，因此在应用过程中所考虑的问题也不同。不同的生物质原料需要不同的收集、储存、运输以及转化技术。现阶段，用于热电联产的生物质转化路线主要分为两类：直接燃烧技术和气化技术，气化技术属于生物质物化转化和生化转化的范围，包括固体生物质直接气化、固体生物质高温分解生成生物油后气化，以及湿生物质（如动物排泄物）经厌氧发酵生成生物质气。生物质能供热是当前清洁供热的一个热点，主要是利用生物质直接燃烧的生物质锅炉或热电联产供热，或制取生物质气作为燃料供热。

利用垃圾发电供热的原理与一般烧煤的热电站相类似，只是烧的燃料不同。在垃圾发电供热中，需将各种垃圾分别送入由大型滚筒组成的燃烧锅炉内，进行燃烧，利用高温、高压的蒸汽推动汽轮发电机发电，另一部分送出作取暖用。垃圾发电不仅解决了日益严重的城市垃圾处理问题，而且与城市其他热源相互支撑，共同供热，提升城市清洁能源利用率，能源浪费较少。

(5) 水热同输技术

随着我国城市化进程的加快，许多地区面临清洁热源的短缺。为此，众多学者提出利用核能供热。然而，核电站一般都位于远离市区的地方。一些人提出了一种水热同输系统，它利用供水系统的水作为热载体，向城市地区提供热量，而不需要回水管道。

水热同输系统主要分为三个部分：高温淡水制备、长距离输送和末端热量析出。其中，高温淡水制备部分包括余热利用单元和海水淡化单元。采用电厂汽轮机抽汽或烟气余热作为能量输入，进行海水淡化（海水淡化主要采用多效蒸馏法和多级闪蒸脱盐法）。长距离输送部分包含一根单向长距离保温管道，可将高温淡水从热源输送至末端。末端热量析出系统又称终端换热系统，用于从高温淡水中吸收热量，其热量用于城市集中供热，冷却后的淡水经处理后用于城市供水。

由于核电的主蒸汽参数较低，发电效率较低，导致核电站大量的热资源被浪费（或不利用）。因此，利用电厂余热淡化海水，加上冬季利用高温淡水为周边城市供暖，可以大大缓解部分地区目前淡水和清洁热源不足的问题，提高电厂的能源效率。从长远来看，核能供热完全可以替代燃煤供热锅炉，实现沿海地区100%的清洁供热。为我国北方地区推行清洁供热，解决北方地区水热短缺问题，开辟了一条新的道路。

五、能源系统数字化技术装备

随着大数据、人工智能、物联网等新一代数字技术应用的不断深化，全球经济社会数字化转型的步伐不断加快，推动世界从工业经济全面向数字经济发展。我国高度重视数字化在现代化建设全局中的引领作用，实施国家大数据战略，大力发展数字经济，加快建设数字中国。能源系统数字化包括能源产业数字化和能源数字产业化两方面内容。

（一）发展趋势

在能源领域，大数据、云计算、物联网、移动互联网、人工智能和区块链等新型数字技术正在深刻改变着能源生产、输送、交易、消费及监管等各个环节，为加速推动能源革命注入新动力。在生产革命方面，数字技术支撑大规模清洁能源消纳，推动构建多源互补型"风光水火储一体化"的能源供应新模式；在消费革命方面，数字技术通过状态全面感知、灵活智能互动的技术，着力建设发展"源—网—荷—储一体化"的能源服务新模式和新业态；在体制革命方面，数字技术推动能源数据信息更加开放，助力透明监管；在技术革命方面，能源生产和装备制造技术向数字化智能化升级，推动能源技术创新发展。

能源数字化技术装备是支撑能源行业数字化转型的基础，其发展趋势为：

终端泛在接入。基于智能传感、网关融合、智能芯片以及安全芯片等技术，采用工业物联网标准和安全规范，实现能源生产进程全环节、全种类传感、终端及设备的即插即用与安全接入。同时，由于智能传感器和数据存储成本的下降，数据量不断增加，体现为万物互联的终端泛在接入。

网络快速传输。采用工业现场总线、NB – IoT 或 LoRa 等低功耗物联网、光通信、5G 移动互联、北斗卫星等现代通信技术，结合边缘计算、人工智能及区块链技术，实现数据就地处理、边缘智能处理和共享公用安全等能力，构建"空—天—地—海"一体化通信传输网络，实现更多的人员和设备连接以及更快、更便宜的数据传输。

智能决策。基于人工智能、深度学习、云雾计算、数字孪生等先进技术，赋能能源系统智能决策、稳定运行、以虚驱实、软件定义等特性。在可再生能源与分布式能源等波动性和不确定性因素高比例接入条件下，系统仍具有灵活的平衡调控能力，促进可再生能源的高比例消纳与发展，构建清洁低碳的能源体系；同时以数字能源为基础的能源网络具有经济高效的特性，数据数字技术贯穿全链条，整合"人—机—物"各要素，实现资产高效利用，提升智能运营水平，降低管理成果，最终从清洁生产和智能管理出发，共同构建高效率的零边际成本系统。

（二）发展目标

能源数字化技术装备中长期发展总体目标：

推进能源革命和数字技术融合，围绕能源生产、传输与消费的持续升级，深化大数据、云计算、物联网、移动互联、人工智能、区块链技术应用，提升能源技术装备全生命周期的智能化和可靠性水平，降本提效，逐步建立完善产业链，具备国际市场竞争力。

到 2025 年，数字新基建获得显著成效，初步建成能源行业数字化基础。基于工业互联网的"用数、上云、赋能"模式取得初步应用效果，积极探索初步形成互联互通、共建共赢的能源数字生态圈，数字赋能规模化聚集效应初显，对整个能源行业的数字化转型形成带动效应。数字化应用技术达到国际先进水平，支撑我国能源高质量发展。

到 2035 年，数字新基建全面完成，全面建成能源行业数字化基础。基于工业互联网的"用数、上云、赋能"模式广泛应用，形成互联互通、共建共赢的能源数字生态圈；完成能源行业数字化转型的初级阶段。初步构建数字化技术体系，数字化原创性、基础性技术达到国际先进水平，国际市场竞争力明显提升。

到 2050 年，能源革命和数字技术深度融合。重大装备与智能传感实现融合，"空—天—地—海"一体通信网络实现全场景覆盖，工业互联网平台实现行业贯通与智能决策；"用数、上云、赋能"模式普及，完成能源行业数字化转型的高级阶段。建成完整的数字化技术体系，达到国际领先水平。

（三）重点任务

2025 年。设计能源数字化技术体系，持续进行能源行业数字新基建，解决能源行业数字化基础薄弱的问题。重点是加强"卡脖子"高端芯片、智能传感、边缘计算、区块链和人工智能算法等关键核心技术攻关。①研究适用于能源行业各场景的传感材料机理，解决传感材料和器件、融合分析设计与涉网安全接入等方面存在的核心瓶颈问题，研制微型低功耗智能传感器、国产安全芯片、国产边缘网关；提高智能电表以及智能终端覆盖率，实现终端泛在接入；②加快推进以 5G 与北斗卫星为代表的现代通信网络建设，构建"空—天—地—海"一体化通信网，完成基于 5G 切片与北斗定位、报文的能源业务应用场景试点示范，实现网络快速传输；③持续推进能源工业互联网平台、数据中台、5G等新型能源基础设施建设工作，打破行业数据壁垒，实现"大数据+人工智能"技术突破，初步实现云端智能管控。开展大数据与人工智能技术重大攻关专项，重点解决能源数据组织、数据治理、数据应用和数据服务等方面的科学和工程化问题；开展能源专用人工智能算法及计算部件研究，掌握图像识别、知识图谱、自然语言处理、混合增强智能、群智优化等人工智能技术在能源系统中应用的技术原理和实现方案；深化人工智能与无人机、机器人在新能源智能调度、生产作业现场智能运维、特高压输变电重大装备等关键业务场景的应用；建设完成一批智能矿山、智能电厂、智能电网数字化示范工程。开展能源电力领域数字化相关国际、国家、行业标准的制定。

2035年。初步构建能源数字化技术体系，新型能源数字基础设施基本建成，能源产业数字化先行完成，数字产业化初具规模。一是国产化芯片以及智能传感器大规模上线，智能一次设备与二次传感有机融合，开始全面覆盖能源应用各个场景，实现终端泛在接入。二是全面建成"空—天—地—海"一体化通信网，基于5G与北斗卫星的能源业务应用实现能源全场景覆盖，实现网络快速传输；新一代量子通信开始试点示范。三是能源工业互联网平台、能源数据中台升级迭代，打破行业数据壁垒，深度实现云端智能管控。构建以全息感知的数据基础、开放共享的知识体系、融合创新的智慧应用为特征的能源人工智能架构，实现共享高效利用。研发自主可控的国产化行业操作系统。数字技术驱动下，智能矿山、智能电厂、智能电网全面普及；全面实现能源系统及关键设备的状态信息全息感知、精准评价、主动预警、智能研判和及时处置能力。

2050年。全面构建能源数字化技术体系，能源产业数字化与数字产业化共同发展。实现终端泛在接入、网络快速传输与云端智能管控；

实现通用型国产化操作系统和人工智能算法库；实现状态全面感知、信息高效处理、应用便捷灵活的能源互联网，支撑 21 世纪中叶我国社会主义现代化国家的建设。

  基于当前我国能源物联网及技术装备水平，从多能互补和智能互动角度提出能源互联网技术发展需求和创新方向，总结利用大云物移智技术推动基础设施数字化升级和系统增效、增强互联网＋智慧能源服务新能源开发利用的能力、支撑绿色能源体系的能源系统数字化技术装备创新的分阶段发展目标和重点任务。

六、煤炭清洁高效利用技术装备

（一）发展趋势

1. 技术发展重点领域与方向

煤炭清洁高效利用技术的发展方向长期受各个国家洁净煤政策与行动计划的引导。总体上可以分成"减污染"与"碳减排"两个阶段。

近年来，各国更加关注二氧化碳减排和先进发电技术，其中 CCS/CCUS、整体煤气化联合循环/整体煤气化燃料电池联合循环（IGCC/IGFC）是最受关注的洁净煤技术。相关重要的推动政策有美国的《清洁电力计划》和《碳排放标准》，欧盟提出的欧盟第七框架计划（2007—2013 年）和"能源 2020"以及 2015 年日本制定的"IGFC 发展规划"等。

在"十一五"期间，洁净煤技术被列入国家高技术研究发展计划（863 计划），成为能源技术领域主题之一。进入"十三五"以来，我国颁布了《煤炭工业发展"十三五"规划》《关于促进煤炭安全绿色开发和清洁高效利用的意见》《煤炭清洁高效利用行动计划（2015—2020年）》《国家能源局关于印发〈煤炭深加工产业示范"十三五"规划〉的通知》等一系列政策文件。另外，2016 年，国家发展和改革委员会与国家能源局联合发布《能源技术革命创新行动计划（2016—2030年）》，具体给出了面向2030年煤炭开采和清洁利用等相关技术的发展路线图。同时，煤炭清洁高效利用已被列入我国科技创新2030重大工程和项目。其中700℃超超临界燃煤发电技术、先进IGCC/IGFC技术、CCUS技术、燃煤发电污染物控制技术、高灵活性智能燃煤发电技术、煤制清洁燃料和化学技术、先进循环流化床发电技术、煤炭分级转化技术、煤转化废水处置与回用技术和共伴生稀缺资源回收利用技术，确定为煤炭清洁高效利用的前沿技术。结合技术的先进性、突破难度和应用前景等具体表现，700℃超超临界燃煤发电技术、先进IGCC/IGFC技术和CCUS技术为我国面向2025年、2035年、2050年最主要的洁净煤前沿技术。

2. 煤炭清洁高效利用的发展趋势

（1）700℃超超临界发电技术

超超临界发电技术是通过高温、高压来提升热力效率，700℃超超临界发电技术是指在700℃/35兆帕及以上的条件下的机组发电技术，研究表明通过增加再热次数其效率可达50%以上，其节能减排经济效益是600℃超超临界技术的6倍，同时可以降低CO_2的捕获成本，有助于推进CCUS技术的应用。

早在20世纪90年代末期，美国、欧盟等国家和地区在现有600℃超超临界发电技术的基础上提出了700℃先进超超临界燃煤发电研究计划，如欧盟的"AD700"先进超超临界发电计划、美国的"超超临界燃煤发电机组锅炉材料和汽轮机研究"计划等，推动了锅炉和汽轮机高温材料研发、加工性能测试及关键部件测试等技术取得重大突破，但在示范电站建设方面进展并不顺利，截至目前，全球尚未形成700℃超超临界燃煤示范电站。

我国是国际上投运600℃超超临界机组最多的国家，同时注重700℃超超临界燃煤发电技术创新发展。为此，我国在2010年成立

700℃超超临界燃煤发电技术创新联盟，2011年设立700℃超超临界燃煤发电关键设备研发及应用示范项目，2015年12月全国首个700℃关键部件验证试验平台成功实现投运。

（2）先进IGCC/IGFC技术

IGCC/IGFC发电技术被视为具有颠覆性的煤炭清洁利用技术，可实现燃煤发电近零排放的清洁利用，供电效率有望达到60%以上，大大降低供电煤耗，一旦取得突破将是具有革命性意义的洁净煤技术。

IGCC是煤气化制取合成气后，通过燃气—蒸汽联合循环发电方式生产电力的过程，被认为是有发展前途的清洁煤发电技术之一，美国、日本、荷兰、西班牙等国家已相继建成IGCC示范电站。2012年11月，我国华能天津250 MW IGCC示范机组投入商业运行，该示范电站是我国首套自主研发、设计、建设、运营的IGCC示范工程，已实现粉尘和SO_2排放浓度低于1毫克/标准立方米、NO_x排放浓度低于50毫克/标准立方米，排放达到了天然气发电水平，同时发电效率比同容量常规发电技术高4%~6%。

IGFC是以气化煤气为燃料的高温燃料电池发电系统，包括固体氧化物燃料电池（SOFC）和熔融碳酸盐燃料电池（MCFC），兼具IGCC技术的优点，其效率可达60%以上。IGFC不同于IGCC的物理燃烧发电方式，其采用燃料电池直接发电，实现了煤基发电由单纯热力循环发电向电化学和热力循环复合发电的技术跨越，其煤电效率理论上可提高近一倍，同时还具有降低CO_2捕集成本，实现CO_2及污染物近零排放的优势。

目前，以SOFC为代表的高温燃料电池技术快速发展，美国和日本燃料电池产业的商业化应用走在世界前列。2010年，美国布鲁姆能源公司（Bloom Energy）制造了全球第一个商业化SOFC产品（ES–5000 Bloom Energy Server），功率为100千瓦。2017年，日本三菱重工公司推出了代号为 Hybrid-FC 的 250 千瓦 SOFC 与微型燃气轮机联合发电系统商业化产品，系统整体效率为 65%。我国同样重视高温燃料电池技术发展，在国家级重大科研项目的支持下，开展了高温燃料电池电堆、发电系统和相关基础科学问题的研究。我国于 2017 年启动了"CO_2 近零排放的煤气化发电技术"国家重点研发项目，使我国领先世界各国较早地布局了 IGFC 相关技术研发和开展 IGFC 发电系统试验平台示范。

（3）CCUS 技术

CCUS 技术是把生产过程中排放的 CO_2 进行提纯，继而投入新的生产过程中进行循环再利用。CCUS 技术是 CCS 技术的升级，可实现 CO_2 的再利用。前沿技术包括：先进的 CO_2 捕集技术，地质、化工、生物和矿化等 CO_2 利用前沿技术以及 CO_2 地质封存关键技术等。

近年来，全球各国正积极推进 CCUS 技术的发展和应用。2018 年，配有碳捕获与封存装置的美国 Petra Nova 煤电厂正式投运（装机容量为 240 兆瓦，年减排 1×10^6 t CO_2），成为首家实现碳减排的商业化电厂。同年，美国提出 CO_2 捕集与封存获得税收抵免 50 美元/t，CO_2 驱油与封存获得税收抵免 35 美元/t 的优惠政策以推动 CCUS 技术发展。在 CO_2 清洁高效转化与利用方面，德国等国家在固体氧化物电解池（SOEC）技术方向上已取得了一定的进展，其技术方案是利用可再生能源电力电解水和 CO_2 制取合成气、天然气以及液态燃料。我国也十分重视低碳技术，不断加快推进 CCUS 示范项目，如 2017 年陕西延长石油（集团）有限公司开展了延长石油 3.6×10^5 吨/年 CO_2 捕集、管输、驱油和封存一体化示范、2018 年开始施工建设的华润电力（海丰）有限公司碳捕集测试平台、神华国华锦界电厂 1.5×10^5 吨/年 CO_2 捕集装置等。综上，世界各国在 CO_2 捕集、CO_2 驱油、CO_2 封存和 CO_2 利用等方面取得了进展，但在商业化方面仍存在一定困难。

(二) 发展目标

煤炭是我国的主体能源和重要工业原料，基于煤炭清洁高效利用技术创新推动煤炭清洁高效利用将是保障我国能源安全与能源行业可持续发展的重要举措。煤炭清洁高效利用技术的发展需依靠科技创新，在提高煤炭发电效率、推动现代煤化工产业升级示范以及燃煤污染物超低排放和 CO_2 减排、煤炭资源综合利用等方面取得突破性发展。其中，为实现高效、节能和低污染的目标，开发清洁、低碳、高效的发电技术是煤炭利用的核心，研发现代煤化工技术是煤炭转化的重点。

全面形成煤炭清洁高效利用技术体系，煤炭集中高效利用比例提高到 90% 以上；燃煤发电及超低排放技术进入国际领先水平，完成 900 兆瓦级 IGCC 发电系统、100 兆瓦级 IGFC 发电系统示范，发电效率达到 60%，污染物实现近零排放，CO_2 捕集率在 95% 以上。面向 2025 年、2035 年、2050 年构建的我国煤炭清洁高效利用发展战略目标及技术路线图中（见图 4-11），先进发电技术重点发展 700℃ 超超临界发电技术、IGCC/IGFC 技术和 CCUS 技术；煤炭转化技术重点发展煤炭深加工的先进技术。

(三) 重点任务

1. 持续提升燃煤发电效率，逐步实现燃煤污染物近零排放

加快优化用煤结构，提高电煤消费比重，大幅缩减工业用煤和民用散烧煤，使燃煤发电成为主要的用煤领域。全面实施燃煤电厂超低排放，是推进煤炭清洁化利用、改善大气环境质量的重要举措，是煤电持续发展的关键因素。全面实施燃煤电厂节能及超低排放升级改造，坚决淘汰关停落后产能和不符合相关强制性标准要求的燃煤机组。到 2035 年，煤炭用于发电（燃烧＋燃料电池）的比重和煤炭发电效率进一步提

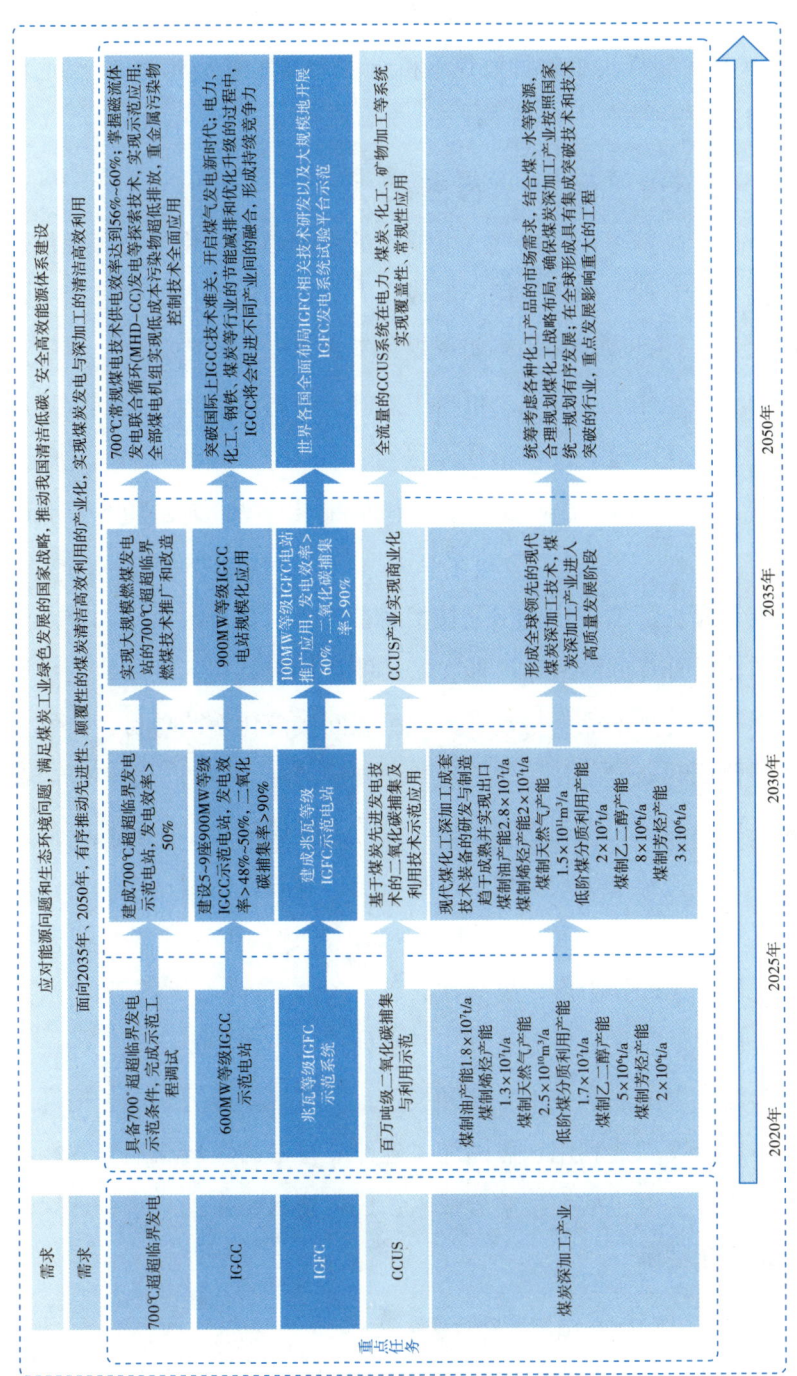

图 4-11 煤炭清洁高效利用技术面向 2025 年、2035 年、2050 年的发展战略目标及技术路线图

高，超低污染物排放煤电机组和近零排放 IGFC 燃料电池发电占全国煤电的90%以上（超低污染物排放煤电机组占燃煤发电的80%），彻底消除散煤使用。

2. 推动煤炭深加工产业升级示范

进一步提升高效率、低消耗、低成本的煤制燃料和化学品等现代煤炭深加工技术并实现工业化应用，形成具有自主知识产权的燃煤污染物净化一体化工艺设备成套技术，实现煤化工废水安全高效处理，突破煤化工与炼油、石化化工、发电、可再生能源、燃料电池等系统耦合集成技术并完成工业化示范，加快形成天然气、乙二醇、超清洁油品、航天和军用特种油品、基础化学品、专用和精细化学品等能源化工产品市场。

加快推动煤炭深加工产业工艺技术装备的研发与升级示范。重点内容包括：加快提升煤间接液化产能，实施能量梯级利用，继续研发用于航天、军事等的特种油品；推动百万吨级煤间接液化示范项目，研发新的工艺、催化剂和高温费托工艺，加快实现润滑油、液蜡、烯烃等商业推广；开展煤制烯烃、煤制乙二醇、煤制芳烃等煤制化学品研发，通过新工艺技术、设备及催化剂实现产品高端化、差异化发展；优化已建成的煤制天然气示范项目，加大具有自主知识产权的甲烷化成套工艺技术、设备及催化剂开发力度，提高在高负荷条件下连续、稳定和清洁生产的能力；加强低阶煤分质分级利用及水处理技术研发及示范，进一步优化和完善低阶煤的热解技术工艺和设备，突破气固液分离难、提升焦油品质、半焦合理高效利用、焦油加工延伸等技术；煤炭深加工共性技术研究与示范，主要包括大型空分技术、气化技术、先进节水、环保治理技术和资源化技术。

3. 积极推进 CO_2 捕集、利用与封存产业的发展

为提升 CCUS 技术商业化推广应用的经济性，需要重点研发新一代

高效低能耗的 CO_2 吸收剂和捕集材料、CO_2 规模化的输送技术与 CCS 技术、增压富氧燃烧、CO_2 采油/气/水/热等前沿新技术。加强电站和捕集端深度整合、高参数大通量设备研制、地质封存长期监测等应用技术研究。提升 CO_2 近零排放的煤气化发电技术（重点为 IGCC 和 IGFC）等先进发电技术与 CCUS 技术的协同研发能力，将 CO_2 捕集与封存作为煤炭清洁发电利用的示范建设重点内容，并进一步突破 CO_2 驱采原油技术、SOEC 制备合成气、CO_2 重整煤（半焦）制 CO 技术等 CO_2 利用的前沿技术，加快推进 CO_2 利用产业化。

4. 加强颠覆性技术的基础研究与技术攻关

加大对 700℃ 先进超超临界发电技术、IGCC/IGFC 的煤炭清洁发电技术的基础研究与技术攻关。重点研究系统设计优化，包括电站总体设计、锅炉和汽机总体设计；高温耐热合金材料的研发，重点是掌握具有自主知识产权的高温材料、主机关键部件的制造方法，实现超超临界等发电技术的商业化大规模应用。

IGCC 突破性技术的研究重点包括：适应不同煤种、系列化、大容量的先进煤气化技术，适用于 IGCC 的 F 级以及 H 级燃气轮机技术、低能耗制氧技术、煤气显热回收利用技术等，同时通过高效、低成本 IGCC 工业示范，掌握和改进 IGCC 系统集成技术，降低造价，积累 IGCC 电站的实际运行、检修和管理经验。

为进一步提升 IGCC 效率和 CO_2 捕集经济性，需要重点开发大型 IGFC 颠覆性煤炭发电技术，即整体煤气化熔融碳酸盐燃料电池（IG–MCFC）和整体煤气化固体氧化物燃料电池（IG–SOFC）。其中 IG–MCFC 要突破大面积 MCFC 关键部件设计与制造技术、大容量电池堆组装与烧结运行技术、CO_2 膜气体分离技术和 IG–MCFC 系统集成技术；IG–SOFC 要重点突破煤气化燃料 SOFC 发电技术、透氧膜供氧技术、SOEC 电解技术和 IG–SOFC 系统集成与优化技术。

5. 设立 IGCC/IGFC 重大工程科技专项

以提高煤炭发电效率，实现煤炭发电近零排放，推动煤气化发电多联产产业化为目标，集中攻克新一代 IGCC 和 IGFC 工程科技中的重大关键技术，进一步提升煤炭发电效率，重点突破近零排放的煤气化发电技术，全面提升煤气化发电清洁高效利用领域的工艺、系统、装备、材料、平台的自主研发能力，取得基础理论研究的重大原创性成果，实现工业应用示范，为实现煤气化发电多联产技术产业化提供科技支撑。

第五篇

环境影响和风险评估

一、生态环境影响评估

（一）新能源电力系统及技术装备

与传统化石能源发电相比，风力发电、光伏发电等新能源电力系统以其清洁、低碳的特性受到人们的青睐。近年来，我国新能源电力系统快速发展，对节能减排、大气污染防治、应对气候变化等都作出了积极贡献。新能源电力系统在运行阶段基本不消耗化石能源，其对生态环境的影响远小于化石能源发电系统。但新能源电力系统及其相关设备在生产制造、运输、建设施工等环节中也会对生态环境产生一定影响，且这些影响不局限于大气污染，也涉及水体、土壤、噪声、光环境、动植物等方面。为此，还需要从生命周期尺度综合评估新能源系统对生态环境各个方面带来的影响。本节以风力发电和光伏发电系统为例，对相关研究成果进行了梳理总结。

1. 风力发电对生态环境的影响

风力发电显著减少二氧化碳排放。风电生产过程不消耗化石能源，不需要大量的水，不排放太多废弃物。风电每度电的二氧化碳排放量相当于亚临界燃煤发电的1%、燃气联合循环发电的3%，也低于其他在发电过程中不排污电源的全生命周期碳排放。2013年，美国风电直接减排二氧化碳1.15亿吨，相当于减少了2000万辆汽车的碳排放；减少二氧化硫排放15.7万吨，减少氮氧化物排放9.7万吨，减少水的消耗量365亿吨。

风力发电有效降低大气和水污染。与燃煤发电相比，风力发电在能源开采、运输、使用等环节的环境影响均有显著优势。燃煤发电的煤炭开采过程需要占用土地，可能引发水土流失、造成地表塌陷，会产生粉尘、噪声、弃渣、水污染，会消耗不可再生资源。燃煤发电的煤炭运输环节会产生交通运输能耗，产生扬尘、噪声、废气等。风力发电就地利用自然界风能，不消耗化石能源，不涉及能源开采和运输环境，也不会产生上述环境影响。

风电场建设会对植被和水土流失造成一定的影响。风电项目中，塔基、电缆沟和检修道路都需要对土地进行充分利用，地表植被被铲除，切断了土壤有机质的来源；地表失去植被保护，加大风蚀力度，原有土壤养分流失更快；土壤回填时土壤被压实，导致土壤丧失透气性，植被和微生物无法进行有效的养分转化。这些都会对土壤中的有机质含量造成破坏。风电场施工期间挖土与回填土工程，会在一定程度上破坏地表形态和土层结构，导致地表裸露，损坏植被，损害土壤肥力，造成水土流失。特别是北方风电项目多位于荒漠和草原地带，生态环境非常脆弱，地表的砾石层及植被保护层更容易遭破坏，且恢复难度大。然而，电场建设施工造成的影响，并不是风电系统特有的，化石能源发电场建设工程也存在类似的生态环境影响。

风电场运行对当地部分生物的生存环境有一定影响。风电机组运行产生的噪声以及叶轮转动对鸟类低飞有一定的驱赶和惊扰效应，在有雾天气和云层很低时，易发生鸟类低空飞行碰撞建筑物和高压线的事故。此外，陆上风电场还存在对动物栖息地及动植物种群层面的潜在影响。海上风电场除了对海鸟产生上述影响外，还可能对海底生物、渔业和海洋生态造成一定影响。但总体来说，风电系统导致的鸟类死亡一般不会造成鸟类数量级的减少，同死于飞机、汽车、建筑物、通信塔等人造机器设备下的鸟类数量相比，风电系统所造成的死亡数量非常有限。

2. 光伏发电对生态环境的影响

光伏发电系统的生命周期主要包括光伏组件生产、光伏电站建设、光伏电站运行等阶段，不同阶段带来的环境影响不同。

光伏组件生产阶段的污染物排放主要来自多晶硅制造和电池片生产环节，经处理后均可达到环保要求。多晶硅制造是光伏产业链生产过程中耗能最高的环节，也是最容易产生环境污染的环节，主要污染物包括四氯化硅、二氯二氢硅等废气，以及生产废水和固废等。随着四氯化硅冷氢化等技术的应用与推广，多晶硅生产过程最主要的污染物四氯化硅已经做到了闭式循环利用，消除了污染隐患。其余废弃物成分简单，处理较为容易，处理后能够实现达标排放。因此，多晶硅生产工艺已经实现清洁生产，不存在"高污染"的影响。电池片生产过程的主要污染物包括含 F^-、NO_3^-、Cl^- 等的废水，酸性废气、碱性废气和有机废气，以及危险固废等。这些废弃物都有成熟的处理技术，经过处理后能够达到环保要求，基本不会对环境造成污染。

光伏电站建设对生态环境有少量负面影响，但正面效益更加突出。光伏电站工程建设可能会对区域土壤、植被、物种多样性、生态环境造成一定的影响。光伏电站施工期的大气污染主要来源于施工和车辆运输导致的扬尘、粉尘及施工机械排放废气，施工过程中会产生弃土、建筑垃圾等固体废物，这些影响是与其他发电系统电站工程建设类似的。光伏电站特有的一些环境影响主要表现在对光环境和土壤环境的影响。光伏板会反射光线，但由于反射率极低，且工程 1 千米范围内无居民，因此不会对地面交通和居民生活产生影响。光伏阵列对地表的遮挡可以降低场内土壤温度。光伏电站建设后，相对于电站周边区域，电站内未遮阴和遮阴区域的土壤含水量、有机质、速效磷和速效钾含量增加，pH和电导率降低。光伏电站建设不会对土壤、植被造成大的影响，并且在一定程度上有利于土壤理化性质的改良和物种多样性、生物量增加。可见，光伏电站建设有利于区域小气候调节和生态脆弱地区植被生长。

光伏电站运行阶段有显著的节能减排收益。与其他电站类似，光伏电站运行阶段也存在电磁干扰、噪声等影响，但通过合理选型、采用低噪声设备、加强设备维护、设置安全距离等，可以避免对工作人员及周边居民生活产生干扰。工程营运期产生的废旧电池板、废变压器油等固体废弃物，经过回收利用、专业化处理后，对环境的影响较小。光伏发电过程不消耗化石能源，与传统火力发电相比，光伏发电每度电相当于节约 0.335 千克标准煤，减少 0.272 千克炭粉灰、0.03 千克二氧化硫、0.015 千克氮氧化物排放。此外，将光伏发电与农业、养殖业、环境治理结合起来的复合型光伏产业，还实现了传统产业增收、土地增值、环境改善的效益。

（二）氢能产业及技术装备

氢具有清洁高效、可储能、可运输、应用场景丰富等特点，是一种清洁能源和良好的能源载体，在以可再生能源为主的电力系统中也具有较高的系统应用价值。随着技术发展和成本下降，未来氢能利用的竞争力将逐步提升。

氢能利用的环境影响取决于上游一次能源结构和下游应用场景，其中上游一次能源结构随着可再生能源占比的提高而动态变化，下游应用集中在以燃料电池发电为主的车用能源和分布式能源场景。以氢燃料电池汽车为例，当前和未来清洁电源情况下，对燃料电池汽车的全生命周期排放进行分析，并与内燃机汽油汽车、混合动力汽车、纯电动汽车技术路线进行对比,分析结果显示,在我国当前电源结构情景下,纯电动汽车 CO_2 排放强度为每千米 175 克二氧化碳,已经明显低于汽油内燃机汽车;若直接将电网电力制氢用于燃料电池汽车,其全生命周期排放强度则高达每千米 466 克二氧化碳;若采用车载重整制氢方式,其 CO_2 排放仅为每千米 160 克二氧化碳,是各类技术路线中最低水平,但其排放与汽油内燃机汽车类似,集中在车辆运行环节。在清洁电源情景下(煤电电量占比 20%),纯电动汽车和电解水燃料电池汽车的排放分别较当前电源结构情景下降 62% 和 65%,其他车型排放降幅有限,此时电解水制氢的燃料电池汽车碳排放也低于汽油车和混合动力车(见图 5-1)。

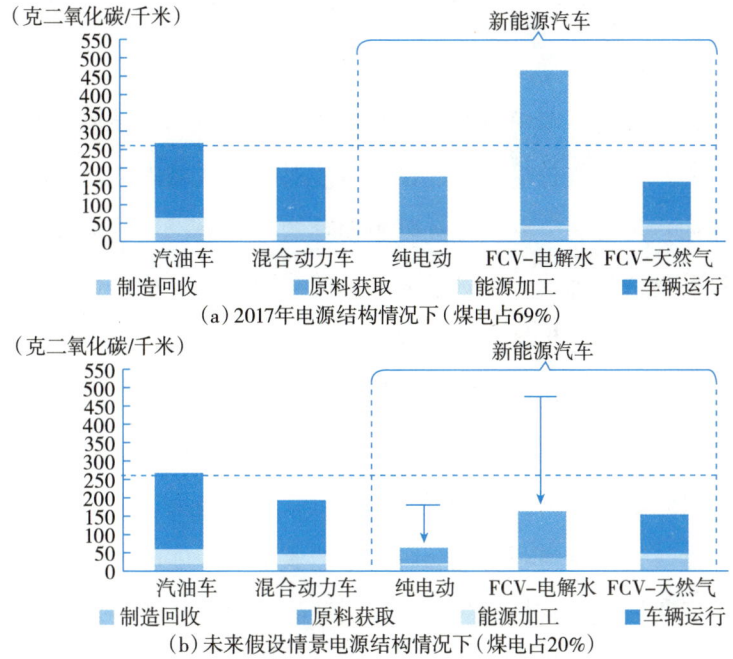

图 5-1 两种能源结构下车用氢能全生命周期 CO_2 排放

资料来源:刘坚、钟财富:《我国氢能发展现状与前景展望》。

综上所述,氢能利用系统的环境影响与制氢技术路线和全社会能源结构密切相关。未来可再生能源占比、可再生电力占比都将大幅提升,氢能利用将展现出更加突出的环境优势。

(三) 天然气高效输运利用及技术装备

天然气是一种优质高效的清洁能源。我国天然气的生产和利用在空间上分布不均衡，大量天然气需要经过长距离管道从西部输送到中东部地区。天然气管道沿线的自然环境、地形条件等相对复杂，常常经过生态环境极为敏感或脆弱的地区，如果采取的防范和保护措施不到位，很可能会对土壤、野生动植物等生态环境的构成要素造成负面影响。

天然气长输管道建设中的管沟开挖、管道敷设、管沟回填等施工环节会对项目区内的植被及土壤造成一定程度的影响，具体包括：地表土壤的裸露面积增加，导致水土流失增多；表层熟土被深层生土替代，降低了土壤营养含量；对植被根系可能造成毁灭性破坏，导致植被数量或种类减少等。天然气长输管道建设也可能对项目区域内的动物产生不良影响，例如：可能会分割或扰乱野生动物的栖息地、活动区域；施工机械噪声对动物造成惊扰；当管道需穿越河流施工时，往往会增加水体中的泥沙量，影响水生生物的成活率、生长率，降低鱼类对疾病的抵抗力等。天然气长输管道建设对野生植物的影响主要是施工车辆或机械对植物造成碾压和破坏，管沟两侧 2.5 米范围内的植被根系容易被彻底破坏，且短时间内无法恢复，进而影响项目区的生态稳定性。在林地地段建设的天然气长输管道项目也会对林地造成不同程度的破坏，如果被破坏的地段无法恢复原有特性，将导致林地面积损失；即便是可恢复的地段，在恢复期间的生物量及生产力也将显著下降。

但是合理采取预防和保护措施，可以尽可能减少上述不良环境影响。通过建立完善的规则制度，做好长远规划，避免重复整治，做好风险识别，严格审批，加强管道穿越段的维护管理等，可以起到预防环境风险的作用。通过科学回填深层生土和表层熟土、及时清理施工过程中的各类废弃物、减少施工过程排污、工程完工后及时种植树木和草木、尽可能利用林业项目区内现有道路、提前移栽珍稀物种等措施，可以有效减少对土壤、植被、野生动物和林业生态系统的影响。

（四）热力生产输运和利用技术装备

我国北方地区建筑冬季取暖曾经是煤炭消费的主要领域之一，也是冬季污染物排放的主要来源之一，城乡建筑采暖 $PM_{2.5}$ 排放约占全国冬季 $PM_{2.5}$ 排放的53%。我国2017年开始实施清洁取暖行动，三年多来取得了显著成效，京津冀及周边地区"2+26"城市采暖季 $PM_{2.5}$ 平均浓度和重污染天数较2017年分别下降33%和61%。清洁取暖行动也加快了清洁供热技术的发展，推动了绿色供热体系建设。

清华大学建筑节能研究中心研究团队，提出了新一代北方城镇供热模式——"中国清洁供热2025"，即"第五代供热技术"。该模式具有"低回水温度、余热利用、热电协同、燃气末端调峰、长输供热"五大特征，力争实现"节能90%、减排90%、成本等同于燃煤锅炉"三大效果。该模式近年来得到迅速推广，北京、太原、石家庄、济南等十多个城市已应用或正在论证研究，涉及供热面积超过10亿平方米。该团队认为，2050年我国北方城镇200亿平方米供热面积中若80%采用该模式，可比常规清洁供热方案再节能50%，约折合1亿吨标准煤，减少二氧化碳排放2.5亿吨，减少大气污染物排放80%，且综合供热成本与燃煤锅炉相当。

该模式中的核心供热方式是工业低品位余热供暖，目前我国北方地区已建成多个成功案例，大多表现出了良好的环境效益和经济效益。太原市利用古交兴能电厂余热为市区6600万平方米建筑供热，余热供热比例高达79%，供热能耗仅6.2千克标准煤/吉焦，比热电联产供热节能50%，比大型燃煤锅炉供热节能80%，折合每个采暖季节能120万吨标准煤；每年可节省 93.1 万吨标准煤、5700 万千瓦时电、2964 万吨水，减少 CO_2 排放 244 万吨、SO_2 排放 3798 吨、NO_x 排放 1052 吨、粉尘排放 2104 吨；供热成本约 36.34 元/吉焦，远低于燃气和电供热。河北迁西县城利用县城西北方向十余公里处津西、万通两大钢铁厂的余热，为县城建筑供暖。2015 年投运的一期工程，实现了为整个县城 360 万平方米面积供热的目标，年节约标准煤 6.4 万吨，减少 CO_2 排放 16.8 万吨，减少 SO_2 排放 543 吨，减少 NO_x 排放 473 吨，节水 56 万吨。

（五）煤炭清洁高效生产利用技术装备

我国煤炭产业之前的粗放发展模式给我国生态环境带来了很大影响，我国大气污染中 90% 的二氧化硫、70% 的氮氧化物与一氧化碳、60% 的烟尘和 80% 的二氧化碳都是燃煤引起的。但我国"富煤贫油少气"的资源条件决定了我国在现阶段还不能完全摒弃对煤炭的利用，而应该通过技术变革推进煤炭绿色发展，这既要求在生产端实现绿色开采、智能开采，又要求在消费端实现清洁利用、高效利用。

煤炭生产方面，针对煤炭开采导致的环境问题，煤炭科工唐山研究院研发了采煤沉陷区城市用地综合治理技术，同时针对东部矿区沉陷积水、次生湿地建设与城市协调发展问题，研发了融城市次生湿地规划建设、污染源控制、湿地水体维系为一体的湿地构建技术，实现了矿业城市生态建设规划与沉陷区次生湿地生态构建，在唐山、淮北、徐州、济宁等矿区得到推广应用。以淮北为例，目前采煤沉陷区已建设主城区 42 平方千米，占城市建成区面积的 53.3%；建设多层、中高层、高层建筑物面积累计 2750 万平方米；沉陷区建设次生湿地 49 平方千米，使城市林草植被覆盖率提高了 50%。此外，绿色开采技术的应用和发展，进一步提高了安全系数，百万吨煤炭死亡率已由过去的 6 点多下降到现在的 0.157，基本上接近于发达国家的平均水平。

煤炭利用方面，借鉴欧洲发达国家经验，我国研究开发了符合国家资源条件和环保需求的煤粉工业锅炉系统，与传统链条锅炉相比，煤粉工业锅炉可实现节煤 30%~50%、节人 40%~50%、节地 50%~60%、节电 15%~20%。随着脱硫脱硝除尘等技术的推广应用，煤炭燃烧利用后的污染物排放也得到大幅削减，燃煤发电机组通过超低排放改造，污染物排放率可比天然气发电还要低。神华国华三河电厂经过历时两年的超低排放改造后，每年可减排烟尘 508 吨、二氧化硫 1169 吨、氮氧化物 2185 吨，比改造前分别降低了 85.3%、60.5%、88.9%，其中 4 号机组烟尘排放每标准立方米仅 0.23 毫克，同时还实现了全厂煤耗降低 11.3 克/千瓦时，节约标准煤 6.77 万吨，节水 60 万吨，节能减排效果均十分显著，实现了煤炭的清洁高效利用。

（六）小结

与传统能源技术装备相比，大多数新能源技术装备在系统运行阶段都具有更好的环境效益，对生态环境影响更小。部分新能源装备在生产阶段会产生废渣、废水、废气，甚至危险有害物质，但只要按照相关标准规范，经过生产过程中的污染防控和减排技术处理，均可以满足环保要求。几乎所有的新能源工程施工过程都会对项目区土壤、动植物、水体等生态环境造成一定影响，但通过采取科学的预防、保护、修复措施，都可以将不良影响控制在可接受范围内。为此，从生命周期来看，与传统能源技术装备相比，新能源技术装备的利用是更加有利于生态环境保护的。

二、技术与市场风险

(一) 技术产业风险

1. 可再生能源电力

作为技术进步最快的可再生能源技术,太阳能发电技术的发展将对能源革命和绿色发展产生直接影响。由于材料技术的不断突破,近年来光伏发电技术平准化发电成本降速明显高于其他发电技术,光伏新增装机量也呈现超过风电的趋势。产业基础处于国际领先水平。但由于光伏发电集中于日间时段,若光伏发电规模持续提升,电力系统对光伏发电的消纳难度随之提升,其相对风电技术的度电经济性优势也可能有所下降。如图5-2所示,随着日间光伏发电规模不断提升,光伏发电系统价值下降,其未来市场竞争力的不确定性将直接影响高比例可再生能源目标的实现。

太阳能发电技术种类繁多,晶体硅电池、薄膜电池[含硅基薄膜电池、CdTe电池、CI(G)S电池]、染料敏化电池、有机电池、钙钛矿电池等由于特性不同,未来技术进步与成本下降的前景存在较多不确定性。同时,下一代新型电池,涵盖未来新理念、新材料、新结构的高效电池,将可能在2030年后达到技术成熟,并有望实现40%以上转换

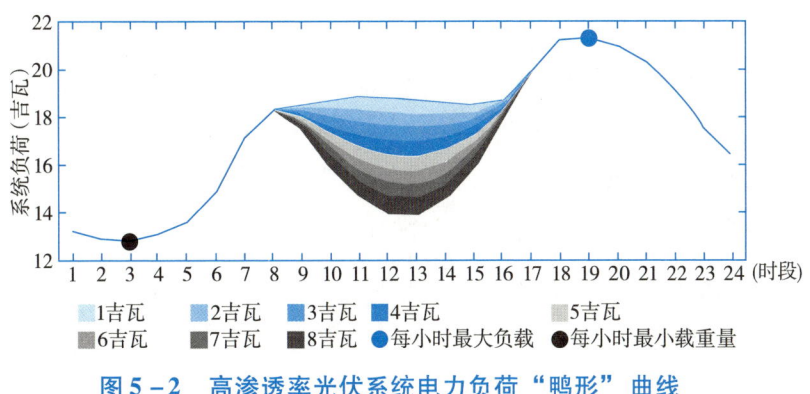

图 5-2 高渗透率光伏系统电力负荷"鸭形"曲线

效率，进而对现有光伏技术体系与产业格局产生重大影响。

以薄膜电池为例，虽然与晶体硅光伏电池相比，薄膜电池的发展缺乏可依托、借鉴的产业，因而在研发和产业化开发上获得的资金投入量更少，且不同薄膜之间和同种薄膜的不同技术路线之间技术和设备的差异很大，也存在相互替代的竞争关系。但未来薄膜电池与晶硅电池技术路线的竞争仍然存在较大不确定性。首先，近年来以钙钛矿技术为代表的薄膜光伏技术发展较快，2009—2019 年光电转换效率提升 20% 以上，而钙钛矿太阳能电池未来可达到的转化效率远高于目前的晶硅电池理论上限。同时，钙钛矿电池常采用液相沉积、气相沉积工艺、液相/气相混合沉积工艺，工艺简单、成本低廉，具有与晶体硅电池形成市场竞争的能力。技术的突破有望破解薄膜电池产业基础方面的劣势。其次，薄膜光伏电池具有弱光响应好、质量轻等优势，还具有可粘贴安装、可透光、可调整色彩、可采用柔性衬底、可弯曲的特点，很适合应用在光伏建筑一体化、大规模光伏电站、便携产品等领域。尤其在德国、澳大利亚等海外市场，用户侧电价水平较高，为分布式发电技术营造了发展环境，结合分布式发电的薄膜光伏技术或在全球市场占据更大发展空间，并带动该技术路线技术经济性加速提升，加快能源生产消费者（prosumer）等模式创新。

尽管目前从市场份额和性价比来说，晶体硅电池具有明显优势，但硅基单结太阳能电池目前最高效率仅为33%。NREL 最新研制出的Ⅲ~Ⅴ型六结太阳能电池实验室最高能量转换效率达到了 47.1%，在正常的太阳光照下进行了测试，其转换效率仍然达到 39.2%。Ⅲ~Ⅴ型六结太阳能电池适用于聚光光伏（CSP）发电。通过聚光，可以使用更少的半导体材料，集中光线也会使该电池的效率有所提高。因此随着光伏技术向多结电池技术方向转变，集中式聚光 CSP 技术有望得到规模化发展。

2. 氢能

氢能产业发展依赖终端消费突破，而目前氢能消费增量的重点在燃料电池汽车领域。以往认为燃料电池汽车在中重型货运领域具有较大应用空间。相比电动汽车，燃料电池汽车在储能能量密度、燃料补给速度以及载重和续航能量上都具有明显优势。但由于近年来锂离子电池技术的快速发展，燃料电池技术在货运领域应用的不确定性逐渐增加。在国外，特斯拉于 2017 年 11 月发布纯电动半挂卡车 Semi，续航能力接近 1000 千米，目前已开始投入量产。在国内，比亚迪电动重卡车型已经广泛应用于矿山、港口、市政工程等领域。《新能源汽车推广应用推荐车型目录》2017—2020 年数据显示，虽然燃料电池车型数量总体呈增多趋势，但纯电动技术仍然占据市场主流（图 5-3）。

目前高压氢气技术相对成熟、成本较低，且具有氢气充放速度快的优点。但高压氢气的储氢密度相对较低，每百千克储存容器储氢量为 4~5.7 千克（wt%），体积储氢密度约为 39 克/升，且安全风险偏高。随着市场需求逐步扩大，低温液氢、固态储氢、有机液体储氢技术可能取代高压氢气储运。

低温液氢和有机液体储氢都较适合长距离、大规模氢气储运场景，特别是随着氢气市场需求的不断增长，低温液氢和有机液体储氢技术都

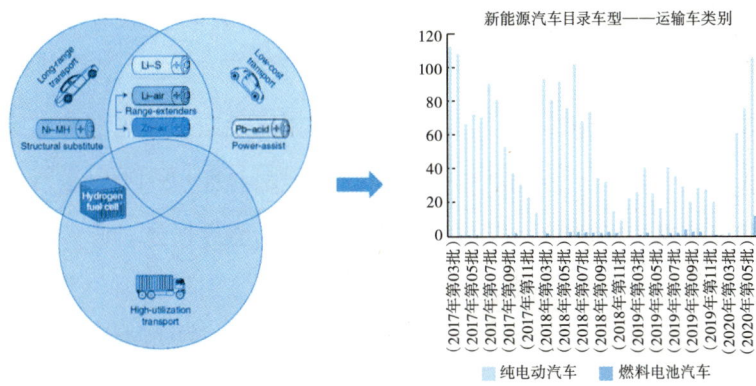

图 5-3　燃料电池技术在中重型货运领域的应用前景存在不确定性

将大幅降低氢气运输成本，有助于氢气集中生产、集中消费模式的发展。可再生能源发电基地集中制氢、绿氢炼钢及化工氢气替代等领域都将受益于低温液氢和有机液体储氢技术的进步。但氢气在燃料电池汽车、户用热电联产、备用电源等接近用户侧的分布式市场应用，有赖于固态储氢等安全性较高的技术取得突破。

3. 能源互联网

物联网及人工智能技术是实现能源互联网的前提，但目前不论在技术成熟度方面，还是在数据源网和网络安全方面，能源互联网的落地还存在一些挑战。

在技术方面，尽管人工智能已不属于新技术，但在能源领域的应用相对滞后，其在能源领域的应用价值还未充分挖掘。例如，应用于可再生能源发电预测及实时电力交易的机器学习算法还有待完善，技术的持续进步有赖于相关政策和市场机制的调整以激发更多研发及资本投入。

数据可获得性是目前能源物联网技术实践的主要障碍。目前能源领域所提供的数据数量和质量往往难以满足能源互联网应用的需求，一方面需要大规模布设 IoT 计量设备和云计算平台建设，另一方面也需要相关监管政策的调整。透明公开的公共领域数据有助于激发私人领域创新，其中设定合理的数据获取标准至关重要。2013年欧盟第543号法令明确了电力市场数据公开的相关规则并相应建立了透明电力数据在线平台（Transparency Platform）。该在线平台由欧洲ENTSOE运行，管理数据种类涵盖电力负荷、发电、输电、电力平衡等信息，并向私人企业公开，以帮助私营部门探索商业模式创新。终端用户数据，尤其如家庭电力负荷、电动汽车充电行为，往往引发更多个人隐私方面的担忧。为此，欧盟2016/679法案对私人数据的转移和处理设置了严格的规定，以保护自然人个体隐私。

ICT技术和电网连接得越紧密，网络安全的风险也将越高。近年来通过信息网络攻击电网的事件不断增多，且风险正在延伸至天然气、供水、燃料供应管网等其他基础设施网络，IoT设备的彼此不断联通也同步增大了网络攻击的波及面。但技术进步同样也提供了解决方案，IBM和微软也已经开展了有针对性的人工智能训练和实时监控/响应并形成解决方案。政府部门应在推广人工智能技术应用和采取合理监管方面取得平衡，同时在相关技术研发方面加大投入力度。

高端芯片的对外依赖同样为我国能源互联网产业的发展带来了不确定性。中央处理器（CPU）是追赶难度最大的高端芯片，英特尔几乎垄断了全球市场，国内相关企业有3~5家，但都没有实现商业量产，大多仍然依靠申请科研项目经费和政府补贴维持。GPU市场虽然规模较小，但门槛极高，全球仅AMD、NVIDIA能够研发高性能GPU，不论是技术、人才还是专利，国内企业都有较大差距。此外，在DSP（数字信号处理）和FPGA（现场可编程阵列）方面，国内企业与德州仪器（TI）、模拟器件（ADI）、摩托罗拉、Xilinx、英特尔也有悬殊。尽管我国在新一轮基于云平台的互联网技术领域自主创新能力有所提升，但在人工智能芯片和底层算法上仍存在短板。尽管当前全球高科技产业彼此依存,几乎没有国家能够包揽设计、集成、制造全产业链,但未来国际关系的变化也将为能源互联网产业的发展带来一定不确定性。

(二)资源风险

1. 储能

绿色能源革命需要大规模储能技术的支撑。目前以锂离子电池技术为代表的电化学储能技术快速发展,技术经济性不断提升,未来有望与可再生能源产生协同。但除电力行业外,锂电池还广泛应用于新能源汽车、移动通信等领域,陶瓷、玻璃和部分化工行业也对锂资源存在固有需求,锂电池储能的发展也因此一定程度受到锂资源供给的影响。

2019年,全球锂资源消费(锂金属)中电池行业消费量占比65%,相比2015年的水平几乎翻了一番。受电力储能与电动汽车市场的影响,电池用锂资源消费还将持续增加。目前年全球电力消费约28万亿千瓦时,平均日消费量770亿千瓦时,若通过锂电池实现日内发电储能,则锂资源消费量约770万吨,约为全球锂资源储量(1700万吨)的45%。按照全球10亿电动汽车规模,平均每辆电动汽车60千瓦时电池容量,则电动汽车行业锂金属需求量大约600万吨,占全球锂资源储量(1700万吨)的35%。换言之,电力储能和电动汽车行业的合计锂资源需求在未来有望达到全球锂资源储量的80%以上。但从产能角度看,若全球电动汽车年产量达到1亿辆,储能电池年产量77亿千瓦时,则锂资源消耗量超过130万吨/年,而2019年全球锂产能为7.7万吨,仅是全球产能的1/17,产能爬坡可能对产业构成影响,尤其对上游关键矿物市场价格产生冲击。全球锂钴镍资源供应及分行业消费量见图5-4,全球市场锂电池相关关键矿物价格波动见图5-5。

电动汽车产业的发展带来电池生产的规模效应,带动包括储能电池

图 5-4 全球锂钴镍资源供应及分行业消费量

资料来源：国际能源署（IEA）。

在内的锂电池制造成本的快速下降，当前电动汽车动力电池锂资源需求已远超储能市场需求。动力电池对锂资源的大量需求也可能在未来形成对储能电池锂资源供应的制约。若储能技术因锂资源问题发展受限，或将影响分布式能源的发展。因此，电池梯次利用和锂材料循环利用应被提上日程。此外，推广车网互动技术也有助于提升电力系统灵活性，有效降低电力行业锂资源的消费量。

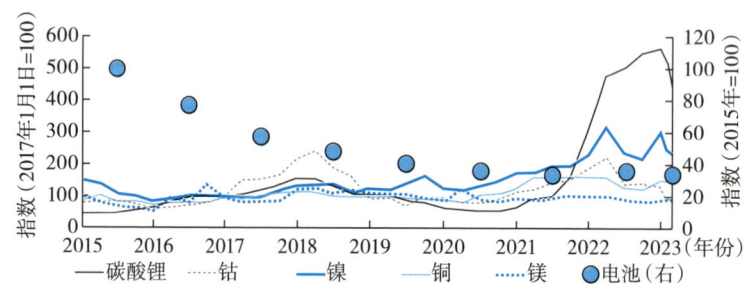

图 5-5 全球市场锂电池相关关键矿物价格波动

2. 氢能

目前丰田 Mirai 铂消耗量为 20 克/辆，即其燃料电池铂消耗量为 0.17 克/千瓦。而按照国Ⅲ排放标准，一辆我国出产的 2.0L 排量的汽车，就要使用 3 克铂；按照国Ⅳ排放标准，这个用量还要高；到欧Ⅴ，每辆车的铂用量会大幅度上扬至 10 克。2019 年，我国汽车产量将超过 2500 万辆，也就是说需要的铂至少在 20 吨。目前为止，铂资源还没有制约汽车的产量增长，其中一个重要手段就是从报废的尾气催化剂中回收铂。国际上已经明确，燃料电池汽车的起步商业化（50 万辆级产量）阶段技术目标是每辆车 5~10 克铂，也即相当于欧 V 阶段内燃机车的铂用量。因此随着技术的不断成熟，燃料电池的铂消费强度将明显下降，并与一般燃油车接近。

除电力消费外，电解水制氢技术也将消耗大量水资源。以电解水生产 1kg 氢气为例，电量消耗约为 55 千瓦时，而水消耗量约为 9 千克。100 万辆重型燃料电池货车每年消费氢气约 400 万吨，消费水资源约 3600 万吨。我国可再生能源电力制氢资源基本分布于西北干旱地区，尽管仅燃料电池汽车氢气一项的水资源消费相对有限，但若电解水制氢的应用场景进一步拓展至工业、建筑等领域，在西部局部地区水资源或将构成当地大规模发展氢能的制约。

（三）安全风险

电化学储能、氢能发展长期存在安全性风险；推广分布式能源、电力需求响应、智能电网、虚拟电网、电动汽车 V2G 等能源互联网相关技术存在隐私保护及信息安全问题。

1. 事故风险

作为高能量储能介质，锂电池及氢能的安全顾虑由来已久。2017 年 8 月至 2019 年 5 月，韩国接连发生了 23 起储能电站火灾事故。韩国政府一度暂停了所有在运的储能电站项目，并成立事故联合调查委员会全面深入调查事故原因。2019 年 6 月，韩国通商产业资源部正式对外公布了事故调查报告，但就韩国媒体以及国内外专家反馈信息来看，该报告并没有足够的说服力，其中最受争议的部分莫过于对电池企业责任的认定。而就在韩国调查报告发布、实施安全防护措施之后的三个月内，韩国又发生了两起储能电站火灾事故，使本就处于寒冬中的韩国储能行业雪上加霜，大型储能电站特别是锂离子电池储能系统安全性的问题再次引起社会关注。

2. 信息风险

能源是现代文明的原动力，能源安全事关国计民生，信息数据安全是维持能源互联网可靠运转的根本要素。近年来，京东、顺丰、雅虎、微软等互联网公司都不同程度出现信息泄露、过度获取用户信息、网络安全漏洞等问题，而能源互联网中任何一个微小的安全漏洞，都可能导致大批风电场和光伏电站陷入瘫痪，电网停电或是自动驾驶的电动汽车改变行车路线。在能源互联网的背景下，多能互补，能源流、信息流、业务流高度融合，智能化、自动化、网络化是其主要特征。在物联网技术发展趋势下，终端类型和结构日趋复杂，网络越来越开放，业务越来越融合，越来越需要实现端、边、云的安全免疫。

能源技术装备绿色转型 SWOT 分析见表 5-1。

表 5-1 能源技术装备绿色转型 SWOT 分析

优点	缺点
·光伏等新技术进步空间大，效率进步带动供能成本整体下降。 ·光伏、风电等绿色能源技术应用环境价值。 ·带动能源互联网、电池、氢能等新兴产业	·传统能源产业链受到冲击，相关技术、就业收缩。 ·国内光伏新材料、燃料电池电堆及系统、氢能储运、人工智能/高端芯片技术等存在短板
机遇	风险
·已明确绿色转型方向，制定清晰政策目标。 ·市场需求大，支撑全产业链转型。 ·已启动能源市场改革，为绿色转型提供制度保障。 ·互联网及通信技术国际领先，有助于能源数字化、分布式能源等能源互联网推广应用	·国际社会对气候变化认同度及国际政治关系变化。 ·锂、铂、钴等关键资源约束。 ·能源技术安全性及网络信息安全。 ·能源市场改革方向与进度。 ·绿色转型技术路线仍存不确定性

第六篇

重大举措和政策建议

一、能源科技创新政策体系

（一）整合优化科技资源配置，建立能源技术创新研发支持机制

以国家能源转型战略性需求为导向推进科技创新体系优化组合，加快构建现代能源系统国家实验室。加强新能源创新主体之间的协调，提升对企业研发的服务，特别是共性技术服务和新技术的推广扩散，通过公共科技服务降低整个部门的研发风险。大力发展针对能源技术和产业发展需求的仪器与测量测试技术、大型设备安置和调试时的轴系平衡技术、材料的性能检测技术、信息与通信技术中的接口标准等测量测度工具技术和生产过程模拟等生产工艺涉及的工具性技术，大力发展针对新能源产业的行业共性工程数据库。工程数据库建设可以采取政府出资、独立非营利性社会组织运营的组织方式，数据库数据采取会员企业自愿贡献、共同分享的工作方法，形成持续投入、有效运营的可持续发展机制。

（二）构建能源技术创新市场激励机制，鼓励企业加大研发投入

一是保持和增加能源技术创新经费投入强度，从源头上提高创新主体的创新能力和创新水平；二是完善现行财政补贴制度和政策，进一步明确财政扶持方向；三是优化财政在能源技术创新基础研究、应用研究、试验发展三个不同阶段的投入比例，合理规划不同阶段的支出规模，支持产业共性基础技术研发，提高基础研究的地位，为科技成果转化提供重要动力。此外能源新兴技术的创新者不仅局限于大型能源企业，中小企业和新创业企业具有巨大技术创新潜力，政府应将每年科技投入预算固定比例用于资助新能源领域中小企业参与商业化潜力较大的公共科技项目，由国家能源局、国家发展改革委、工业和信息化部等部门对新能源领域的中小企业和创业企业提供资金支持和优先政府采购。

（三）完善技术创新法律保障机制，营造能源科技创新生态

能源技术创新进步离不开能源法律制度保障，因此要通过制度建设，特别是通过能源法律政策的安排，实现能源安全和环境安全的双赢。一是能源法要明确规定能源技术创新原则和制度，应坚持依靠科技进步促进能源发展，完善企业创新服务体系，加强能源科技研究开发与应用，支持能源科技自主创新；二是将绿色发展战略纳入能源技术整体发展战略，并对绿色能源技术在科研项目审批、经费保障、人员设置上予以倾斜；三是明确能源技术创新工作的管理部门、职能和职责，积极构建政府主导、能源企业为主体、市场为导向、产学研协同合作的能源技术创新体系。

二、能源科技创新工程示范

（一）新能源电力系统

开展高能效、低成本智能风光储电站关键技术研究及示范。研究智能电站设计集成和运行维护技术、高可靠智能化平衡部件技术、兆瓦级光伏直流并网发电系统关键技术，开展百万千瓦级大规模智能光伏电站群的运行特性及对电网的影响研究。

开展分布式太阳能热电联供系统技术示范，研究不同聚光吸热的分布式太阳能热电联供系统长周期蓄热材料、部件和系统，研制单螺杆膨胀机、斯特林发动机、有机工质蒸汽轮机等低成本高效中小功率膨胀动力装置，提出不同聚光吸热的高效中小功率热功转换热力循环系统；建设1~1000千瓦级分布式太阳能热电联供系统集成示范，掌握电站的动态运行特性和调控策略。

开展大型海上风电基地群控技术示范，建立包含海上风电场群运行数据、实测气象数据以及数值天气预报数据的大数据平台，研发基于大数据的海上大型风电基地运行优化技术、风电场群发电功率一体化预测技术、风电场群协同控制优化技术、风电场及场群真实能效评估和优化策略。研究海上风电场群电能的多效利用技术，研究储能系统的功率和容量选取以及混合储能系统的协调控制问题。

开展百兆瓦级储能电站集群运行示范。利用区块链技术可追踪的特性，融通电力调度控制系统的新型平台，实现参与交易储能电站能量流监控，形成一套完整、可追溯的发—储—配—用体系，促进分散储能站点间快速交易和清分结算。解决集中式可再生能源并网以及电网调峰调频调压、黑启动等问题，提高能源利用效率和电网整体资产利用率。

开展 V2G 技术示范，完成定制化 V2G 车辆改造，研发 V2G 充放电桩并完成 7 千瓦单枪、15 千瓦单/双枪、60 千瓦等不同型号、不同功率等级直流双向充电桩研发和应用。开展 V2G 后台管理系统研发，实现策略管理、运营管理、运营监测、资产管理等功能。修订车桩通信协议标准，规范 V2G 互动构架及通信协议。建立车网互动相关智能电网监控和数据采集系统，测试智能电表和其他通信网络。

（二）氢能生产储运和使用

开展大规模制氢技术示范。研究基于可再生能源和先进核能的低成本制氢技术，重点突破太阳能光解制氢和热分解制氢等关键技术，建设示范系统；突破高温碘—硫循环分解水制氢及高温电化学制氢技术，完成商业化高温核能分解水制氢方案设计。研发新一代煤催化气化制氢和甲烷重整/部分氧化制氢技术。

开展氢气储运技术研发与示范。开发 70 兆帕等级碳纤维复合材料与储氢罐设备技术、加氢站氢气高压和液态氢的存储技术；研发成本低、循环稳定性好、使用温度接近燃料电池操作温度的氮基、硼基、铝基、镁基和碳基等轻质元素储氢材料；发展以液态化合物和氨等为储氢介质的长距离、大规模氢的储运技术示范，设计研发高活性、高稳定性和低成本的加氢/脱氢催化剂。

车用氢气质子交换膜燃料电池（PEMFC）技术示范。针对清洁高效新能源动力电源的重大需求，重点示范 PEMFC 的低成本长寿命电催化剂、聚合物电解质膜、有序化膜电极、高一致性电堆及双极板、模块化系统集成、智能化过程检测控制、氢源等核心关键技术，解决 PEMFC 性能、寿命、成本等关键问题，并实现 PEMFC 电动汽车的示范运行和推广应用。

开展燃料电池分布式发电技术示范。重点研发质子交换膜燃料电池（PEMFC）及氢源技术和固体氧化物燃料电池技术（SOFC）。在分散电站工况条件下，突破 PEMFC、SOFC、MeAFC 燃料电池关键材料、核心部件、系统集成和质能平衡管理等关键技术，建立分布式发电产业化平台，实现千瓦至百千瓦级 PEMFC 系统在通信基站和分散电站等领域的推广应用。

（三）天然气储运

建成 30 兆瓦等级天然气管线燃气轮机增压试验站示范平台。开展天然气储运吸附技术示范，解决储存密度、吸附剂的使用寿命、吸附剂吸附与释放过程中的热效应，以及天然气重组分在释放过程中的滞留等问题；开展天然气水合物储运技术示范；实现水合物快速的大规模生成，解决集装及运输过程中的安全问题，以形成高效、快速、安全的储运模式。

（四）能源系统数字化技术装备

加快电力物联网关键技术研究和示范，提出新一代智慧能源系统框架。开展 5G 应用技术论证及网络性能、切片及综合承载性能验证，形成顶层设计方案。完成配电台区信息采集终端融合技术方案，制定电力骨干通信网建设方案，构建全程全网全光连接的通信网络。完成新一代电力时空地理信息云平台总体架构设计，为建设泛在电力物联网公共支撑平台奠定基础。基于工业互联网的"用数、上云、赋能"模式取得初步应用效果，积极探索并初步形成互联互通、共建共赢的能源数字生态圈。

三、国际先进技术及产能合作

（一）先进技术和产能"引进来"

当前，我国能源领域已形成具有较强国际竞争力的完整产业链，但与世界能源科技强国相比、与引领能源革命的要求相比，我国能源技术创新还有较大的差距，突出表现：一是基础研究薄弱，氢能、燃料电池、碳排放等前沿技术和投入以及研究有限，为实现跨越式发展的技术储备不足；二是一些关键核心技术长期受制于人，燃气轮机及高温材料、海洋油气勘探开发等尖端技术长期被国外垄断；三是原创性成果不足，新能源、页岩气等新兴技术还是以引进消化吸收为主；四是创新环境有待进一步完善，科技创新与产业发展结合不够紧密，对创新的激励不足，科技对经济增长的贡献率还不够高。研究提出能源技术和装备的引进、消化、吸收的重大举措建议，例如，更大力度推动先进技术和项目示范的国际招标，吸引全球领先技术、产品和企业参与竞争，推动优胜劣汰等。

从欧盟的经验来看，积极开展能源战略技术领域的国际科技合作，应对全球面临的气候变化和能源安全挑战，是实现欧盟能源战略目标不可或缺的重要组成部分。欧盟希望通过国际科技合作，促进新能源技术的进步，保持经济社会的可持续发展，提升欧盟新能源技术的竞争力，推动欧盟新能源技术在世界更大范围内的推广应用。欧盟能源战略技术国际科技合作政策三大目标包括：①通过建立新能源技术战略伙伴关系，强化欧盟新能源技术的世界竞争力；②在坚持互惠互利原则的基础上，积极参与解决全球面临的或第三国面对的能源技术难题；③通过能源战略技术的国际科技合作，推行欧盟各项能源政策的国际化和强化欧盟的对外关系。

为此，欧盟对世界各主要能源国家，包括工业化国家、新兴经济体国家、发展中国家及区域，制定了区别对待的国际科技合作联络图。欧盟能源战略技术国际科技合作总的原则是共同参与、互利共赢：①提高不同伙伴之间在新技术研发和低碳经济领域的协同能力；②有利于清洁技术的发展，解决与能源相关的技术共性问题；③集中资金资源，分担研发风险，开展高风险共同研究，建立和扩大共同技术标准；④支持能源技术的相互交叉和整体组合，降低关键技术研发成本；⑤促进能源技术研发的协调配合，加强能源技术研发网络体系建设；⑥支持新能源技术向新兴经济体国家和发展中国家的转移和推广应用。

（二）先进技术和产能"走出去"

2023年，我国与90多个国家和地区建立政府间能源合作机制，参与双多边能源合作机制近百项，签署了100多份能源合作文件。

"一带一路"能源合作涉及多个领域，重点在以下七个领域加强合作：一是加强政策沟通。各国政府部门就能源政策和规划进行充分沟通，协商解决合作问题。二是加强贸易畅通，降低交易成本，形成开放、稳定的全球能源市场。三是加强能源投资合作，企业以多种方式深化能源投资合作。四是加强能源产能合作，深入开展装备、技术、标准和工程服务合作。五是加强能源基础设施互联互通，提升区域发展和能源服务水平。六是推动人人享有、负担得起、可靠和可持续的现代能源服务。七是完善全球能源治理结构，共同构建绿色、低碳的全球能源治理格局，推动全球能源绿色发展合作。

当前，在"一带一路"沿线的众多油气投资项目中，已形成了集勘探开发、管道建设运营、工程技术服务、炼油和销售于一体的油气全产业链合作格局。在油气运输通道建设方面，形成了中亚天然气管道、中哈原油管道、中俄原油管道、中缅油气管道等油气输送通道。在电网建设方面，累计建成中俄、中蒙、中吉等十条跨国输电线路，在解决当地无电和缺电问题、促进民心互通方面发挥了积极的作用。与此同时，还有一大批火电站、水电站、核电站以及新能源项目正在建设。